Espaço sagrado:
estudos em geografia da religião

inter
saberes

Sylvio Fausto Gil Filho

SÉRIE ENSINO RELIGIOSO

Espaço sagrado:
estudos em geografia da religião

intersaberes

Rua Clara Vendramin, 58 . Mossunguê
CEP 81200-170 . Curitiba . PR . Brasil
Fone: (41) 2106-4170
www.intersaberes.com
editora@intersaberes.com

Conselho editorial
Dr. Alexandre Coutinho Pagliarini
Dr.ª Elena Godoy
Dr. Neri dos Santos
Dr. Ulf Gregor Baranow

Editora-chefe
Lindsay Azambuja

Gerente editorial
Ariadne Nunes Wenger

Assistente editorial
Daniela Viroli Pereira Pinto

Preparação de originais
Raphael Moroz

Capa
Denis Kaio Tanaami

Projeto gráfico
Bruno Palma e Silva

Dados Internacionais de Catalogação na Publicação (CIP)
(Câmara Brasileira do Livro, SP, Brasil)

Gil Filho, Sylvio Fausto
 Espaço sagrado: estudos em geografia da religião / Sylvio Fausto Gil Filho. – Curitiba: InterSaberes, 2012. – (Série Ensino Religioso).

 Bibliografia.
 ISBN 978-85-8212-343-0

 1. Religião e geografia. 2. Religião – História I. Título. II. Série.

 12-09156   CDD-200.9

Índices para catálogo sistemático:
1. Religiões: História 200.9

1ª edição, 2012.

Foi feito o depósito legal.

Informamos que é de inteira responsabilidade do autor a emissão de conceitos.

Nenhuma parte desta publicação poderá ser reproduzida por qualquer meio ou forma sem a prévia autorização da Editora InterSaberes.

A violação dos direitos autorais é crime estabelecido na Lei n. 9.610/1998 e punido pelo art. 184 do Código Penal.

Sumário

Apresentação, ix
Introdução, xi

1. Bases conceituais, 15

    1.1 O sagrado, 15 | 1.2 O poder na religião, 20 | 1.3 As representações, 23 | 1.4 O fenômeno religioso e a questão do sagrado, 27

2. Limites do campo religioso, 37

    2.1 Sobre o estudo da religião, 37 | 2.2 A religião como sistema simbólico, 42

3. O espaço sagrado e suas espacialidades, 57

    3.1 Estruturas do pensamento religioso, 58 | 3.2 Formas religiosas no tempo-espaço, 60 | 3.3 O espaço na dimensão mítico-religiosa, 63 | 3.4 A dimensão teorética da ciência, 67

4. Formação da identidade religiosa e do discurso religioso, 73

    4.1 Identidade religiosa, 73 | 4.2 O discurso religioso, 75

5. Espaço de representação e territorialidade do sagrado, 87

    5.1 A espacialização do mundo, 87 | 5.2 Gênese do espaço de representação, 89 | 5.3 Territorialidade do sagrado, 96

6. Estruturas das territorialidades religiosas: cristianismo católico, islã *shi'i* e fé *bahá'í*, 101

    6.1 Lugares sagrados, 101 | 6.2 Estruturas da territorialidade católica, 102 | 6.3 Estruturas da territorialidade *shi'i*, 109 | 6.4 Estruturas da territorialidade *bahá'í*, 115

Considerações finais, cxxv

Caderno de exercícios, cxxvii

Glossário, cli

Referências, clv

Bibliografia comentada, clix

Respostas das Atividades, clxi

Sobre o autor, clxv

À Ana Helena, pelo amor e apoio.

Apresentação

Esta obra foi construída com base em pesquisas originais desenvolvidas entre 1998 e 2007, principalmente no âmbito da geografia da religião e, posteriormente, na área da história da religião. O espaço sagrado aparece como uma ontologia necessária à análise da geografia da religião em pesquisas desenvolvidas nesse campo desde os anos de 1990 no Brasil.

A retomada dos estudos clássicos de meados do século XX a respeito da paisagem religiosa na geografia e as discussões realizadas pelo trabalho de Mircea Eliade* marcaram os contornos da reafirmação da dualidade **sagrado** e **profano** nas pesquisas dessa área. Todavia, a consideração do espaço sagrado como categoria de análise ainda não tinha sido devidamente exposta a uma crítica essencial. Por essa razão, este livro visa subsidiar os alunos de pós-graduação na análise dessa categoria em particular, no que concerne ao estudo do fenômeno religioso.

Para tanto, a arqueologia teórica dos conceitos de base que estão articulados ao espaço sagrado apoia a necessidade de demonstração teórico-metodológica dessa categoria na geografia da religião.

Os conceitos de base discutidos inicialmente são o poder, as representações e o sagrado como formas simbólicas. Em um segundo momento, a análise do discurso religioso e a identidade religiosa são apresentadas como reflexão das relações de poder que se estabelecem por meio da ação institucional das religiões.

---

* Mircea Eliade é um historiador nascido em Bucareste, Romênia, em 1907, considerado uma referência de grande importância na história e filosofia da religião. Destacou-se pela análise simbólica das religiões com base na ideia de arquétipo e da dialética do sagrado e do profano. Faleceu em Chicago, nos EUA, em 1986.

Como síntese, esses conceitos são operacionalizados em conceitos propriamente geográficos, como o espaço de representação e a territorialidade do sagrado.

Por fim, utilizamos três pesquisas de realidades religiosas distintas, nas quais foi aplicada a base teórica anteriormente citada. Na primeira parte, é apresentado um estudo do cristianismo católico romano, centrado na análise das estruturas da territorialidade católica a partir da instituição Igreja. Na segunda parte, são demonstradas as peculiaridades das estruturas da territorialidade do islã *shi'i*, enfocando a instituição do *Imanato* e a estrutura de poder dos *ulemás*. Na terceira parte, apresentamos a peregrinação *bahá'í* em Haifa e Akká como estruturas da territorialidade da fé *bahá'í* e as marcas na paisagem religiosa construídas com base nessa religião.

Introdução

O livro *Espaço Sagrado: Estudos em geografia da religião* visa fornecer subsídios para a investigação do fenômeno religioso por meio da interpretação das suas espacialidades. Desse modo, a gênese dessa subdisciplina da geografia humana oferece ao leitor atento uma chave crucial para a interpretação da religião em suas diversas expressões no mundo.

Partimos de uma fundamentação teórico-conceitual como um diálogo constante com a filosofia, a sociologia e a história na pertinência de operar uma epistemologia necessária dos conceitos fundantes da geografia da religião, como a paisagem religiosa e, sobretudo, o espaço sagrado.

Originariamente, a geografia da religião foi organizada pelos historiadores da Igreja, no estudo da geografia bíblica – que estava condicionado aos parâmetros teológicos – e não por geógrafos. Inicialmente, verificamos a abordagem descritiva do fenômeno religioso em termos geográficos, considerando a paisagem religiosa como substrato da história religiosa.

Posteriormente, geógrafos como David Shopher desenvolveram estudos de geografia da religião por meio da análise das interações espaciais de diferentes culturas religiosas e seu ambiente. A ênfase desse enfoque está nos estudos sobre a religião institucionalizada e os padrões culturais em termos de frequência espacial.

Sob a geografia humanista-cultural nos anos de 1970, o tema da religião teve uma nova chance na abordagem fenomenológica com a revisitação que o geógrafo Yi-Fu Tuan fez às concepções de sagrado e profano de Mircea Eliade.

Assim, duas abordagens são verificadas: a **geografia religiosa**, focada na influência da religião na percepção do homem sobre o mundo e a humanidade, que essencialmente concerne ao âmbito teológico e cosmológico; e a **geografia da religião**, que analisa os efeitos das múltiplas relações da religião com a sociedade, a cultura e o ambiente.

A presente obra operacionaliza o conceito do espaço sagrado mediante o estudo das espacialidades religiosas como representações da religião estruturada e suas formas simbólicas estruturantes. Para tanto, partimos do conceito de espaço de representação do fenômeno religioso desde a sua materialidade imediata e seu sentido, como parte do mundo simbólico. Sob uma teoria das representações com base em uma abordagem compreensiva, apresentamos a geografia da religião.

Um

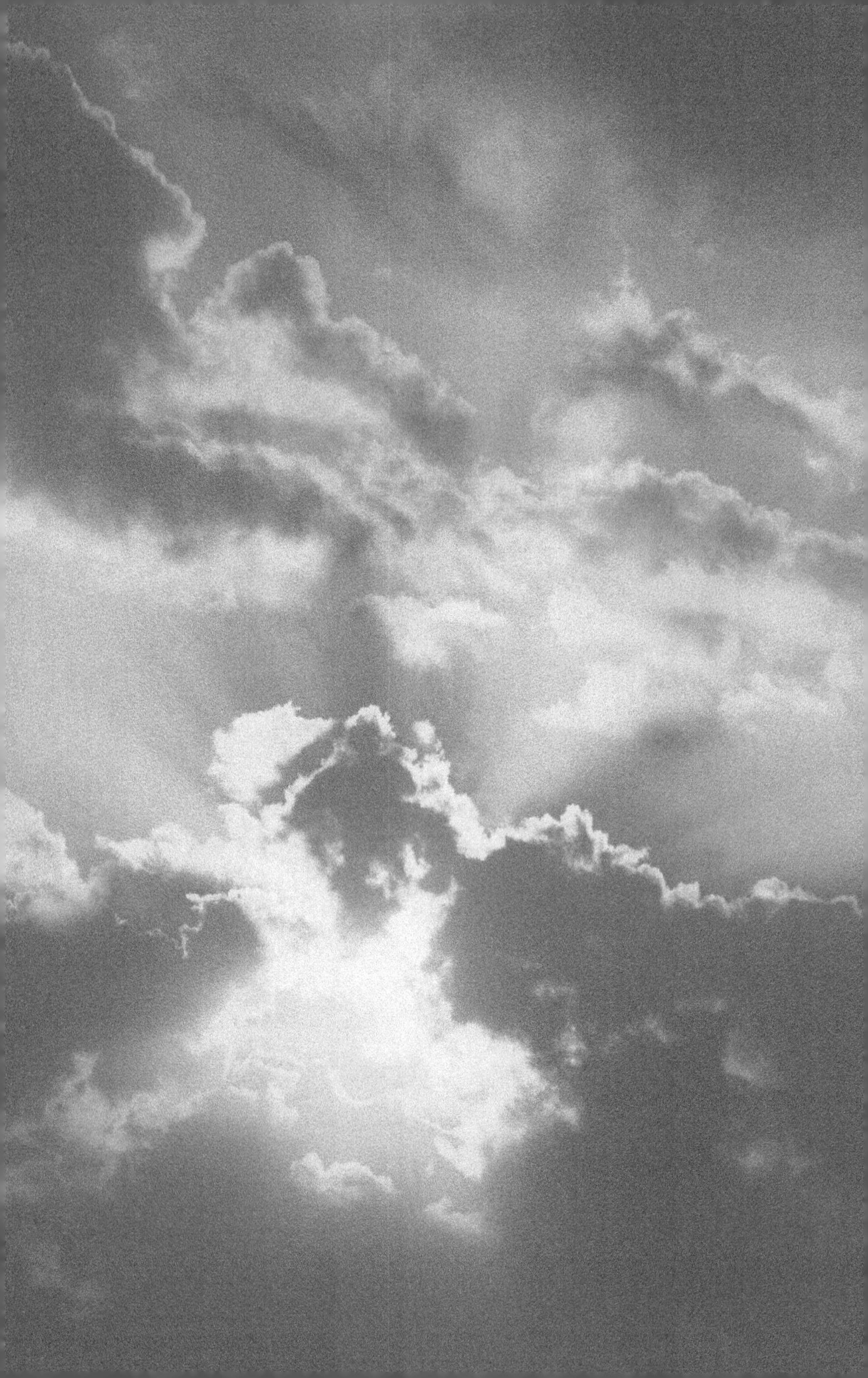

Bases Conceituais*

O ESTUDO DA RELIGIÃO, NESTA obra, está relacionado à análise das representações religiosas, ou seja, da religião como forma simbólica. Nesse domínio, cabe ressaltar a peculiaridade com que esses estudos aparecem nas ciências humanas, nas áreas da sociologia, história, antropologia cultural ou geografia humana.

1.1
O sagrado

MIRCEA ELIADE[27] ENFATIZA A REALIDADE diferenciada do sagrado como oposição ao profano, distinguindo-se deste último qualitativamente, visto que remete às relações simbólicas com as quais o homem religioso impregna de significados o mundo. Desse modo, o homem percebe o sagrado, pois este é um ato de manifestação simbólica do **transcendente**. O autor indica o termo *hierofania*, que corresponde à própria revelação de algo sagrado e possui um quadro de referência abrangente, pois indica tanto a sacralização de todo e qualquer objeto como a manifestação do **transcendente pessoal**. Então, o sagrado impõe a assertiva da manifestação de uma ordem diferente, de uma lógica que não pertence a este mundo, e essa diferença contextualizada constitui o dilema pelo qual percebemos o sagrado.

Eliade[27] comenta ainda que "nunca será demais insistir neste paradoxo que constitui a **hierofania**, até mais elementar" (p. 18), já que a manifestação do sagrado transforma qualquer coisa em outra coisa,

---

* Texto adaptado de GIL FILHO (1999, p. 91-120).

qualquer ser em outro ser, além de encontrar uma ordem distinta em toda relação com o mundo. Fundamentalmente, as coisas ditas sagradas são outras, muito embora permaneçam as mesmas.

Desse modo, o sagrado e o profano seriam duas modalidades de existência assumidas pelo homem em sua história. São, pois, maneiras de ser no mundo e no cosmos e, por isso, a referência do sagrado posiciona o ser humano diante de sua própria existência, razão pela qual, de modo abrangente, a reflexão sobre o sagrado interessa tanto às ciências humanas como à filosofia.

Ao apresentar e qualificar o sagrado, Eliade constrói uma ponte interpretativa entre a natureza transcendente da religião e sua materialidade. Para o historiador romeno, a manifestação do sagrado contribui para uma nova semântica de relações, assim caracterizada:

- O homem religioso imprime ao mundo sensível uma descontinuidade que reclassifica qualitativamente os objetos.
- Ao sacralizar o mundo, o homem religioso atribui a significação plena de um espaço sagrado em oposição a todo o resto, como sendo sem forma e sentido.

Ao delimitar conceitualmente o sagrado, Eliade busca uma estrutura e uma morfologia baseadas em uma gama diversificada de sacralidades ou de fatos santos. Assim, segundo ele, a diversidade de expressões do sagrado torna relativo o conceito de hierofania, o qual só é delimitado porque toda e qualquer hierofania é histórica. Muito embora separadas pelo contexto único de cada momento da história, as hierofanias possuem escalas de abrangência do **local** ao **universal**.

Se considerássemos a hierofania como um momento único, pleno, indissociável de seu contexto, tornaríamos o estudo do fenômeno religioso de tal modo fragmentário que seria quase impossível compreendê-lo de forma processual ou comparada. Entretanto, o desafio está em encontrar um ponto de convergência dos fenômenos. Nesse sentido, a base conceitual em questão representa a inteligibilidade do fenômeno religioso em contextos e momentos diferenciados, por isso a articulação entre diferentes hierofanias é vital para uma análise no âmbito da história das religiões. Desse modo, a solução proposta por Eliade[27] reside na apreensão da ideia de **arquétipo** e **repetição**. Segundo o referido autor, na espiritualidade arcaica, a realidade apresenta-se ao homem como a imitação de um arquétipo.

O conceito de arquétipo como foi proposto por Jung[44] trata de formas *a priori* das faculdades imaginativas, que têm aparência de imagens típicas: "Na realidade, as formas **arquetípicas** geradas pela fantasia se reproduzem espontaneamente sempre e por toda parte, sem que deva pensar [...] em uma transmissão por via direta" (p. 53). Jung[43] considera o arquétipo como uma representação não adquirida pela nossa consciência, mas uma tendência **instintiva**.

Esse elo comum é creditado por Jung[45] às relações primitivas da psique, sendo os arquétipos atributos da psique pré-racional sem conteúdo específico e herdados do passado remoto. Sob esse ponto de vista, os arquétipos são **preexistentes** e não estão limitados ao tempo e ao espaço. São, pois, criações do espírito do homem, veiculadas pela **tradição** e pela **herança**. O autor considera a possibilidade da espontaneidade da emersão de imagens arquetípicas sem qualquer vínculo com a tradição direta.

Eliade[26] apropria-se dessa referência, aplicando a ela uma nova semântica. Em um primeiro momento, apresenta a noção de arquétipo como permanência simbólica dentro de uma ontologia original. Sua reflexão em O *mito do eterno retorno* mostra a realidade do homem arcaico construída a partir da repetição de gestos primordiais. Em outro momento, considera que um objeto ou uma ação adquire valor e reveste-se de uma realidade que os transcende e os sacraliza.

A maior parte da discussão de Eliade é perpassada pela configuração de padrões de ação e estruturas de fundamento arquetípico. O fio condutor de seu discurso alinhava o símbolo como fundamento estrutural preconcebido, que só é diverso na prática aparente de cada cultura. Assim, os simbolismos de centro do mundo e os simbolismos celestes de fertilidade assentam-se em um padrão arquetípico que fundamenta o conceito de **repetição**. O autor caracteriza o estudo das religiões como uma situação-limite, pois a análise dos símbolos, dos mitos e dos ritos demonstram os limites do homem e não apenas a sua situação histórica.[26]

Ao atribuir uma base uniforme de edificação dos atos simbólicos, Eliade apresenta a possibilidade de uma essência uníssona do fenômeno religioso. Cabe lembrar a distinção de sacralização do mundo pela qual ele caracteriza as sociedades ditas arcaicas ou pré-modernas em comparação com as sociedades modernas secularizadas (ou, no seu dizer, profanas) e cada vez mais desprovidas de sustentação no sagrado.

A nossa crítica ao uso do conceito de arquétipo na análise da religião refere-se ao fato de estarmos creditando ao mito a configuração única de uma reminiscência da psique, e não de atos tecidos e exercidos na trama histórica.

A nossa reflexão parte do pressuposto de que a repetição de atos mitológicos do passado nas sociedades arcaicas é semelhante à ideia da intervenção da divindade na história como as religiões universais professam. Nesse sentido, nas sociedades complexas, a religião seria uma variável pertinente na estruturação das relações sociais. Então, o ponto de convergência e a comparação do estudo de diferentes tradições religiosas estariam muito mais atinentes ao seu caráter histórico contextualizado do que propriamente a uma essência arquetípica*. Um exemplo disso são as relações entre o cristianismo, o judaísmo e o islã quando advogam uma raiz tradicional única e uma mesma origem mística e étnica para a epopeia de Abraão†, tal como descrito no Gênesis bíblico ou na 2ª e 3ª suras do Alcorão.

Dessa forma, a construção da geografia da religião carece do resgate de uma teoria das representações. Contudo, a geografia da religião é, da mesma forma, uma geografia do poder exercido na evidência de sua espacialidade.

---

* O sentido procurado na questão do caráter histórico da hierofania aproxima-se da análise do sociólogo L. Sturzo (1943), em seu ensaio *La vera vita – sociologia del soprannaturale*, no qual encara o sobrenatural como algo que faz parte da vida social, algo que se justapõe ao natural, que pode ser aceito ou negado. Sendo assim, a sociedade está impregnada do sobrenatural e, desse modo, interage com certos parâmetros sociológicos de ordem natural. Assim, unicamente o ser humano relaciona-se com a hierofania e, dessa forma, age na história.

† Como no contexto do cristianismo do início do século IV, lembramos o comentário de um dos expoentes da *Patrística*, o autor da *História eclesiástica*, que nos remete à tese da ligação simbólica do cristianismo com a religião de Abraão. Segundo Eusébio de Cesareia (2000, p. 46): "Evidentemente, é lícito julgar ser esta religião dos amigos de Deus, companheiros de Abraão, a mais antiga e vetusta de todas. Ela foi recentemente proclamada a todas as nações através do magistério de Cristo."

1.2
O PODER NA RELIGIÃO

O CONCEITO DE PODER EMERGE principalmente no campo da política. Freund, citado por Lebrun[47], definia a política como uma ação social que, por vezes, funda-se no direito e objetiva "garantir pela força a segurança externa e a concórdia interna de uma unidade política" (p. 11). Quando discutimos **poder**, a noção de **força** torna-se logo subjacente à primeira. Sendo a força coercitiva, ela permite inferir que o ato ou a palavra que visa à mudança de comportamento de outrem implica canalizar o domínio ou a potência. No dizer weberiano, a potência é a oportunidade de impor a vontade própria internamente em uma relação social[47]. Quando a potência se reveste de comando e se dirige a alguém que necessariamente deve cumpri-lo, estamos diante do **estado de dominação**.

O conceito de dominação* weberiano é entendido, em nossa reflexão, como poder, o qual se repercute num comando de conteúdo específico, existindo a probabilidade de um grupo de pessoas obedecê-lo. Outrossim, existe uma intencionalidade no exercício do poder que está ligada à noção de **autoridade**, que, por sua vez, é a disposição reconhecida de uma posição dentro de um grupo social para o exercício do poder.

Foucault[29] argumenta que o poder se expressa no controle do corpo, já que este é a primeira instância do poder, "nada é mais material, nada é mais físico, mais corporal que o exercício do poder" (p. 147). Todavia, o poder não tem função somente coercitiva e repressora, mas também influi na sociedade de forma positiva, pois desperta e produz um saber,

---

* Traduzido do alemão *herrschaft* por Raymond Aron na tentativa de preservar o prefixo *herr*, que significa *dominus senhor* (LEBRUN, 1981).

o qual se realiza na história, ou seja, em muitos momentos da história o controle sobre o corpo e a sociedade edificou o saber. "Se foi possível constituir um saber sobre o corpo, foi através de um conjunto de disciplinas militares e escolares"[29] (p. 148) e, desse modo, o pensamento foucaultiano infere uma conexão pertinente entre o saber e o poder.

No âmbito da instituição religiosa, o exercício do poder assume características específicas. A religião indica princípios reguladores da vida e aponta, por meio de seu discurso fundador, a distinção entre a **virtude** e o **erro**. Segundo Ansart[4],

a exteriorização do divino que caracteriza a religião em relação ao mito marca uma nova relação das práticas com a unidade do sentido. Enquanto o mito estende sobre todas as práticas e sobre todos os membros do grupo a onipresença de seus significados, a designação do divino numa força particular, num ser transcendente, confirma a separação, entre as práticas, do profano e do sagrado. (p. 31)

Nessa separação, uma classe específica de especialistas da religião – os sacerdotes – constitui-se para evocar e conservar os significados considerados verdadeiros para a sociedade. Essa classe apropria-se simbolicamente do sagrado e, assim, exerce o poder religioso.

Entretanto, se o poder, no âmbito da religião, reside primariamente na disposição da **virtude** delineada na tradição e/ou no texto de caráter sagrado, também, sobre essa base, está a **legitimidade da autoridade**.

Cabe asseverar que a disposição da virtude se circunscreve, no texto, como o discurso da virtude que legitima a ação de poder. Tomás de Aquino[5] reconhece a situação de Adão no paraíso ontológico como a virtude sendo a razão das perfeições submetida à divindade:

> *O homem no estado de inocência possuía, de uma maneira ou de outra, todas as virtudes. É algo que resulta de tudo o que precede. [...] era tal a retidão do primeiro estado que a razão estava submetida a Deus e as potências inferiores à razão. Ora, as virtudes não são mais que perfeições pelas quais a razão se ordena a Deus e as potências inferiores se dispõem segundo a regra da razão.* (p. 657-658)

Desconstruindo o argumento anterior, na condição primeira do homem, a virtude era algo já posto, já dado; na condição posterior (expulsão do Éden), há a **possibilidade do erro**. Sendo assim, a virtude passa a ser uma regra da razão que só existe enquanto ato. Analisando o argumento de Tomás de Aquino, Deus é caracterizado como fonte de toda virtude e, portanto, a existência das coisas refere-se à **bondade divina**. Como a fé é a guia da razão, a segunda se submete à primeira, de modo que ter fé na fonte de todas as virtudes é **condição para todo ato bom**. Desse modo, é estabelecida uma relação direta entre a **fé** e o **ato virtuoso**. Nesse sentido, o discurso da virtude referenda absolutamente o poder religioso e a condição de autoridade que permeiam as relações sociais.

A estruturação organizada do exercício do poder revela a instituição e, por conseguinte, os atos de governo. Nesse contexto, os sacerdotes são aqueles que se apropriam da virtude pela interpretação legitimada e reconhecida. O poder exercido sobre esse fundamento se adorna do caráter absoluto. Lembramos um texto da tradição chinesa confuciana* que afirma: "Quem não reconhece o decreto celeste não conseguirá

---

* Escola dos ensinamentos de Confúcio, que forma a base da filosofia chinesa durante mais de 2 mil anos. Os ensinamentos principais de Confúcio são encontrados nos *Anacletos*, conjunto de textos clássicos.

ser homem de bem. Quem não domina os ritos não logrará afirmar-se. Quem não conhece o valor das palavras não logrará conhecer os homens"[22] (p. 156).

Podemos inferir a seguinte interpretação do texto: o primeiro fundamento da virtude e, por conseguinte, do exercício do poder, é o **reconhecimento do decreto celeste**, ou seja, da tradição ou do texto sagrado. O segundo fundamento é o **domínio do rito**, regra da prática religiosa que faz reconhecer exteriormente o primeiro fundamento. O terceiro se encontra no **valor da palavra** e, por conseguinte, no discurso religioso, essencial no estabelecimento das relações de poder. O corpo sacerdotal e os especialistas da religião são aqueles que detêm o capital simbólico e o controle dos fundamentos do poder religioso.

1.3
AS REPRESENTAÇÕES

SCHOPENHAUER[68], EM SUA OBRA *O mundo como vontade e representação*, releva os mecanismos da representação, como mostra o trecho que segue:

O mundo é minha representação. – Esta proposição é uma verdade para todo o ser vivo e pensante, embora só o homem chegue a transformar-se em conhecimento abstrato e refletido. A partir do momento em que é capaz de o levar a este estado, pode dizer-se que nasceu nele o espírito filosófico. Possui então a inteira certeza de não conhecer nem um sol nem uma terra, mas apenas olhos que veem este sol, mãos que tocam esta terra; em uma palavra, ele sabe que o mundo que o cerca existe apenas como representação, na sua relação com um ser que percebe, que é o próprio homem. Se existe uma verdade que se possa afirmar a priori é esta, pois ela exprime o modo de toda experiência possível e imaginável, conceito muito mais geral que os de tempo, espaço e causalidade que o implicam. (p. 9)

A representação é uma forma de conhecimento. Mesmo que tempo e espaço gerem determinadas formas de representação, é na dualidade sujeito e objeto que reside o denominador comum que pode conceber toda forma de representação. No dizer de Schopenhauer[68], se tudo o que existe está para o sujeito e depende do sujeito, então o mundo é uma **representação**.

Devemos a Durkheim[24] a autonomia das **representações sociais** dos parâmetros puramente psíquicos de sua gênese, nos quais tais representações seriam a própria trama da vida social, possuindo um caráter relacional tanto entre indivíduos como entre grupos sociais. Desse modo, são os fenômenos sociais que revestem as representações de seu caráter concreto e inteligível. Já as **representações coletivas** são o modo pelo qual os grupos pensam nas suas relações com os objetos que os afetam.

Assim, Moscovici[57] remete às representações sociais as várias facetas das relações interpessoais do cotidiano, ou seja, essa teoria engloba a articulação de afirmações conceituais e explicações que têm origem no cotidiano.

Muito mais do que uma observação ou opinião sobre o mundo, o ato de representar é a expressão de uma internalização da visão de mundo articulada que gera modelos para a organização da realidade.

Nesse contexto, Moscovici argumenta que tanto Durkheim como Lévi-Bruhl demonstram a posição fundamental do conceito de representação social para a edificação de uma teoria da religião e do pensamento mítico de modo geral.

Já na consideração de Durkheim[23], "as representações religiosas são representações coletivas que exprimem realidades coletivas" (p. 16), sendo a religião um fenômeno eminentemente social. A objetivação da religião em sua materialidade social busca no conceito de representação coletiva a fundamentação dos fenômeno religiosos como produtos do pensamento coletivo.

Nessa circunstância, buscamos a integração entre a teoria das representações sociais e uma teoria do fenômeno religioso para alicerçar a nossa reflexão. Consideramos, então, que a dinâmica relacional dos processos de representação está atada aos contextos pelos quais aparece e pelos quais mantém a interação com o mundo.

Quando Mauss[52] discute os fenômenos sociais, apresenta uma inviabilidade do sentimento religioso individualizado e fragmentado como uma representação controlada pelo "império das emoções". Segundo o referido autor, o crente acredita em **dogmas** e age segundo **ritos sofisticados**. Essa dinâmica é insuflada pela instituição à qual a pessoa pertence. O filósofo francês reconhece que o corpo geral dos crentes desconhece a origem dos ritos e dogmas que guiam a sua vida religiosa. Há um grupo de especialistas da manutenção do sagrado que visa manter e zelar os dogmas e os ritos que a tradição lhes ensinou.

Já a análise de Chartier[20] reconhece que a representação coletiva possui três aspectos em relação ao mundo social:

1. A construção contraditória e diversa da realidade a partir do recorte e da classificação.
2. As práticas que permitem o reconhecimento de uma identidade social.

3. As formas institucionalizadas e objetivadas por meio das quais os representantes das instâncias coletivas e os indivíduos marcam a existência de determinado grupo social, classe ou comunidade.

Com base nisso, Chartier[20] reconhece duas possibilidades: A primeira é relacionada "às identidades sociais como resultado sempre de uma relação de força entre representações imposta pelos que detêm o poder de classificar e de nomear e a definição, de aceitação ou de resistência, que cada comunidade produz de si mesma"; e a segunda como a compreensão "do crédito conferido à representação que cada grupo dá de si mesmo" (p. 183).

Sendo assim, o autor confirma que, na primeira via, constrói-se a história que vai além do estudo dos conflitos econômicos. Além disso, ele retoma o social sob o ponto de vista das estratégias simbólicas que condicionam posições e relações da estrutura social.

A pertinência dessa opção reside na possibilidade de retomarmos a operacionalidade da análise do fenômeno religioso, reconhecendo nas instituições religiosas e no corpo dos crentes as estratégicas simbólicas de relação e apropriação do sagrado em suas diversas instâncias.

Nas ciências humanas, a religião foi apreendida como um sistema simbólico ou uma superestrutura ideológica, tendência que revela uma secularização desse campo e um crescente distanciamento do sagrado como categoria de análise.

Segundo Berger[11]:

o estudo da história levou a uma perspectiva na qual até mesmo os mais sacrossantos elementos da tradição religiosa acabaram por ser vistos como produtos humanos. A psicologia aprofundou este desafio, porque propunha que esta produção não só podia ser vista, mas explicada. Certo ou errado, a psicologia de Freud sugeriu que a religião era uma gigantesca projeção de necessidades e desejos humanos – uma sugestão tão mais sinistra, pelo caráter pouco edificante destas necessidades e desejos, e sinistra, enfim, pelos supostos mecanismos inconscientes deste processo de projeção. (p. 61)

Sendo assim, podemos inferir que a história e a psicologia (esta última desenvolvida na segunda metade do século XIX e início do XX) contribuíram para uma crescente relativização da religião como explicação do mundo. Mais tarde, a sociologia, em especial a sociologia do conhecimento, instrumentalizou com acuidade a tese do declínio da religião e projetou a teologia nas incertezas da pluralidade, como um instrumento de interpretação relativa.

1.4
O FENÔMENO RELIGIOSO
E A QUESTÃO DO SAGRADO

O FENÔMENO RELIGIOSO SOMENTE EMERGIRÁ como tal, como afirma Eliade[25],

com a condição de ser apreendido dentro da sua própria realidade, isto é, de ser estudado à escala religiosa. Querer delimitar este fenómeno pela fisiologia, pela psicologia, pela sociologia e pela ciência econômica, pela linguística e pela arte, etc. é traí-lo, é deixar escapar precisamente aquilo que nele existe de único e irredutível, ou seja, o seu carácter sagrado. (p. 17)

O resgate do sagrado seria a tentativa de encontrar o âmago da experiência religiosa. Em que pesem todas as restrições sofridas pela experiência religiosa em várias culturas, o sagrado se impõe como base fundamental da qualidade reconhecível do fenômeno religioso. Nesse sentido, as religiões se apresentam como modalidades do sagrado que se revelam em tramas históricas e geográficas.

Na abordagem de Otto[63], o sagrado é considerado uma categoria de interpretação e avaliação *a priori*, e, como tal, somente podemos remetê-la ao contexto religioso. A teoria ottoniana do sagrado permite resguardar um atributo essencial para o fenômeno religioso ao mesmo tempo em que o torna operacional. Nessa abordagem, o sagrado reserva aspectos ditos **racionais**, ou seja, passíveis de uma apreensão conceitual por meio de seus predicados, e aspectos **não racionais**, que escapam à primeira apreensão, sendo exclusivamente captados enquanto sentimento religioso. O não racional é o que foge ao pensamento conceitual, por ser de característica explicitamente sintética, e só é assimilado enquanto atributo. Nesse patamar reflexivo, está o âmago da oposição entre o racionalismo e a religião.

A característica própria do pensamento tradicional diante do fenômeno religioso é reconhecer aquilo que, por um momento, não obedece às leis da natureza. Essa intervenção no andamento natural das coisas, feita pelo transcendente, que é o autor dessas leis, apresenta-se como uma tese **apriorística**, ou seja, resta saber se a própria ortodoxia não foi responsável por velar o elemento não racional da religião ao enfatizar em demasia o estudo de aspectos doutrinários e rituais e menosprezar os aspectos mais espirituais e essenciais da experiência religiosa. Otto[63] concorda com essa assertiva.

Com o desenvolvimento da teologia moderna, a ortodoxia reforça uma ideia racional da divindade e aponta para estudos da experiência religiosa enquanto representação humana. Quando a ortodoxia assume esse caráter, pouco a pouco reduz a religião a seu aspecto racional.

Para Otto[63], a "religião não se esgota nos seus enunciados racionais [...] para que se passe a limpo a relação entre os seus diferentes aspectos, para que ela própria se enxergue com clareza" (p. 36). Essa motivação envolve especialmente o sagrado enquanto categoria e, por assim ser, ele é único, sendo, entretanto, plural em sua realidade fenomênica. Para o autor, o sagrado *per si* é exclusivamente explicado em sua própria escala, ou seja, a escala religiosa. Todavia, no plano fenomênico, ele se apresenta em uma diversidade de relações que nos possibilitam entendê-lo enquanto representação.

Quando apontamos a percepção de um objeto de maneira particular, admitimos que devemos apreendê-lo de alguma forma, caso contrário, não poderíamos afirmar nada sobre ele. Sob esse aspecto, o autor reconhece que o racional só pode ser apreendido pelo **pensamento conceitual**. Mas, de algum modo, há o que escapa à apreensão conceitual. Sendo assim, um objeto santo pode ser percebido a partir da **experiência religiosa**, porque é de natureza **intuitiva**. Dessa maneira, a intuição mantém a característica kantiana, pois, já que é uma propriedade da sensibilidade, fornece um conceito imediato e inteligível *a priori*.

O sagrado seria uma categoria dessa ordem, pois sua percepção se realiza a partir de elementos do conhecimento puramente *a priori*, demonstrados pela observação e pela crítica da razão. Muito embora Otto[63] afirme que os elementos não racionais do sagrado conduzem a algo além da razão, ele remete essas ideias aos conceitos puros *a priori* de Kant.

Segundo Kant⁴⁶:

embora todo nosso conhecimento comece com a experiência, nem por isso todo ele se origina justamente da experiência. Pois poderia bem acontecer que mesmo o nosso conhecimento de experiência seja um composto daquilo que recebemos por impressões e daquilo que a nossa própria faculdade de conhecimento (apenas provocada por impressões sensíveis) fornece de si mesma, cujo aditamento não distinguimos daquela matéria-prima antes que um longo exercício nos tenha tornado atento a ele e nos tenha tornado aptos à sua abstração. [...] Tais conhecimentos denominam-se a priori *e distinguem-se dos empíricos, que possuem suas fontes* a posteriori, *ou seja, na experiência.* (p. 25)

Para o filósofo, essas categorias são necessariamente racionais e se referem à **experiência**. Nessa perspectiva, existe uma dificuldade insuperável de compreender uma categoria não racional sob a ótica kantiana.

Outra aproximação possível é com a fenomenologia de Husserl[*42], que procura descrever e avaliar como o fenômeno do sagrado se apresenta à consciência e, a partir da evidência, tenta apreender os modos

---

[*] Edmund Husserl (1859-1938) foi o filósofo formulador do método fenomenológico que proporcionou um desenvolvimento significativo no século XX. Entre suas obras de destaque, podemos citar as *Investigações lógicas* (1901-1902), base de nossa argumentação no presente livro. A fenomenologia pretende partir da descrição dos **fenômenos** que são apresentados à consciência, depois que se faz a *epoché*, ou seja, após serem colocados em suspensão os veredictos filosóficos e as proposições científicas e o senso natural de crer em um mundo de coisas. Esse processo nos capacita a chegarmos ao resíduo fenomenológico evidente, descrevendo os modos típicos de como as coisas aparecem para a nossa consciência, o que se constitui nas essências eidéticas.

típicos de como as coisas e os fatos o fazem. Os modos típicos são justamente as essências *eidéticas* da fenomenologia husserliana.

Reale e Antiseri[65] consideram que, para Husserl, a consciência é intencional. "Os nossos atos psíquicos têm a característica de se referirem sempre a um objeto, pois sempre fazem aparecer objetos" (p. 561). Aquilo que se manifesta dentro dos limites da consciência é o **fenômeno**.

Com base nesse quadro referencial, sob o ponto de vista fenomenológico, consideramos que as formas e os conteúdos relativos ao sagrado são como fontes de conhecimento dadas à consciência dentro dos limites da maneira como se manifestam. Dada essa reflexão, intuímos que o sagrado não está apenas na percepção imediata das formas e do seu conteúdo, mas também nos atos que suscitam a consciência, sendo possível admitirmos uma determinada expressão do sagrado no âmbito do pensamento.

Segundo Husserl[42]:

Os atos não podem encontrar as formas que lhes são convenientes sem que sejam apercebidos e conhecidos quanto à forma e ao conteúdo. O expressar da fala não está, pois, nas meras palavras, mas nos atos que exprimem; eles estampam um material novo, os atos correlatos que devem exprimir, eles criam para eles uma expressão ao nível do pensamento e é a essência genérica dessa última que constitui a significação da fala correspondente. (p. 13-14)

Tomando o pensamento como espelho do ato a ser expresso, ao nomearmos o sagrado estabelecemos a possibilidade dele ressurgir, mesmo que o ato não seja, de fato, consumado por quem o compreende. Assim, chegamos à ambiguidade do rito.

Essa concepção dirige-se a uma defesa da integridade da experiência religiosa em oposição a outras experiências humanas. Sob vários aspectos e em muitos momentos, reconhecemos o irromper de elementos não racionais na experiência religiosa.

Por meio dessa discussão, podemos conceber as seguintes instâncias de análise possíveis do estudo do fenômeno religioso, conforme mostram a Figura 1.1 e os tópicos a seguir:

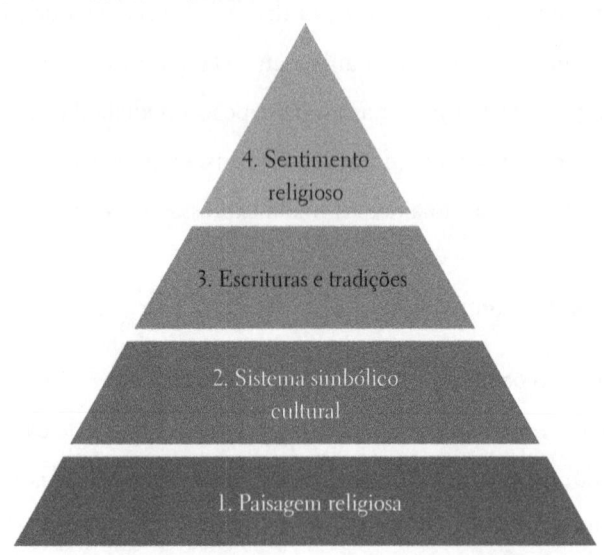

Figura 1.1 – Instâncias de análise

4. Sentimento religioso
3. Escrituras e tradições
2. Sistema simbólico cultural
1. Paisagem religiosa

FONTE: GIL FILHO, 1999.

1. A paisagem religiosa refere-se à sua materialidade fenomênica, a qual é apreendida pelos nossos instrumentos perceptivos imediatos. Diz respeito à exterioridade do sagrado e sua concretude, a exemplo da estrutura edificada do templo, do lugar dos mortos e da ação social da religião realizada por escolas e hospitais. Também constituindo a expressão do sagrado, observamos os lugares de

peregrinação, a sacralização de formas da natureza (rios, florestas, montanhas) e os lugares sagrados de modo geral.

2. O sistema simbólico é a apreensão conceitual pela razão, com a qual concebemos o sagrado pelos seus predicados e reconhecemos sua lógica simbólica. Sendo assim, entendemos essa instância como uma projeção cultural e, nesse aspecto, temos a compreensão do contexto no qual a religião é vivenciada, o que é de fundamental importância.

3. As escrituras e as tradições sagradas remetem à natureza imanente do sagrado enquanto fenômeno. Nesse sentido, procuraremos entender o sagrado a partir das construções epistemológicas realizadas pelo grupo, as quais se manifestam nos livros sagrados, nas oralidades sagradas e nos mitos.

4. O sentimento religioso, com seu caráter transcendente e não racional, é uma dimensão de inspiração muito presente na experiência religiosa, ou seja, é a experiência do sagrado *per si*. Essa dimensão, que escapa à razão conceitual em sua essência, é reconhecida por seus efeitos. Trata-se daquilo que qualifica uma sintonia entre o sentimento religioso e o fenômeno sagrado.

Então, o sagrado pode ser entendido como qualitativo inerente ao fenômeno religioso, que perpassa as instâncias de análise descritas e, assim, sob a ótica fenomenológica, também remete aos modos típicos que caracterizam o fenômeno enquanto religioso, a despeito da pluralidade de suas manifestações. Devemos ser cautelosos ao considerar o sagrado como a essência da experiência religiosa, principalmente no que tange à contextualização do debate no Brasil a partir dos anos de 1990. As religiões como formas diferenciadas de manifestação do sagrado em um mundo expressivo, em um mundo representacional com sentidos diferenciados e em um mundo propriamente da religião nos textos sagrados revela certa relatividade da verdade religiosa enquanto fenômeno.*

Desse modo, o sagrado não é um conceito universal onipresente nas diferentes religiões, mas uma forma simbólica do mundo da religião. A premissa de que o sagrado, como categoria de análise, seja insustentável na investigação científica, é uma questão ainda em aberto no debate atual. Podemos ficar reféns de uma categoria apriorística e cairmos em um dogmatismo perigoso.

Sendo assim, o deslocamento conceitual do sagrado como forma simbólica nos permite considerar a religião como forma de conhecimento específico, bem como parte de um universo de significados e, portanto contextuais. Uma releitura de Rudolf Otto sob esta base nos possibilita uma melhor operacionalização da pesquisa.

---

* Dimensões desenvolvidas com base na discussão da Filosofia das Formas Simbólicas de E. Cassirer junto ao Núcleo Paranaense de Pesquisa em Religião (Nupper) em 2006-2007.

Dois

Limites do campo religioso

Segundo Bell[10], a religião proporciona segurança a uma cultura sob dois aspectos: Protege contra o demoníaco e promove uma noção de continuidade com o passado. A religião oferece uma proteção contra os impulsos anárquicos do ser humano e estabelece as raízes atávicas da vida. O sociólogo enfatiza a questão normativa da religião e sua validade na coerção social. Em contrapartida, a secularização, para Bell, realiza a ruptura com o passado, minando a força da tradição. O afrouxamento da moral religiosa estaria ligado ao processo de secularização moderna, pois é justamente na característica coercitiva da religião que se estabelecem as **relações de poder**, e entre os atores sociais dessa trama está o **corpo sacerdotal**. Desse modo, o clero tende a monopolizar o discurso da virtude como forma simbólica de perpetuar a legitimidade da instituição religiosa diante da sociedade.

2.1
Sobre o estudo da religião

Do ponto de vista da análise sociológica de Beckford[9], a religião está desraigada dos seus antigos pontos de sustentação. Sob esse aspecto, ela tem se tornado um "fenômeno menos previsível" (p. 170), ainda que continue com sua força de mobilização social, porém dentro de contextos específicos. Mesmo a descolagem da religião de grupos tradicionais e o afrouxamento da interferência clerical não colocaram necessariamente a religião em um plano secundário.

Em vista disso, a tese da secularização permeou a análise da religião nas ciências sociais, principalmente na década de 1960 e na primeira metade da década de 1970. De certo modo, a avaliação da religião feita por diversos autores anglo-saxões apontava para uma visão eurocêntrica do fenômeno religioso, a exemplo da afirmação de Wilson[75]: "a conduta dos homens respondem cada vez menos a motivações religiosas" (p. 10). O autor espelha bem a derrocada da igreja anglicana no Reino Unido, já que justifica o fato na hegemonia do pensamento racional diante da vida. Assim, o processo de secularização seria inexorável.

Também Berger[11], em seu livro *Rumor de anjos: a sociedade moderna e a redescoberta do sobrenatural*, ecoa o avanço do processo de secularização e a reminiscência do sobrenatural:

Há, pois, algumas razões para se pensar que, no mínimo, bolsões de religião sobrenaturalista provavelmente sobreviverão dentro da grande sociedade. No que tange às comunidades religiosas, poderemos esperar uma reação aos extremismos mais grotescos de autodestruição das tradições sobrenaturalistas. É um prognóstico bastante razoável de que num mundo "livre de surpresas" a tendência geral de secularização continuará. Uma impressionante redescoberta do sobrenatural, nas dimensões de um fenômeno de massa, não está nos livros. (p. 55)

Sobre as organizações religiosas tradicionais, Berger reitera:

As grandes organizações religiosas continuarão provavelmente sua infrutífera busca de um meio-termo entre o tradicionalismo e o ajoujamento, tendo pelas pontas o sectarismo e a dissolução secularizante sempre importunando. Este não é um quadro dramático, mas é mais adequado que as visões proféticas, quer do fim da religião, quer de uma época próxima de deuses ressuscitados. (p. 55-56)

A relativização da perspectiva de hegemonia do processo de secularização reside no fato de que, em escala global, o processo ocorrido na Europa Ocidental não é um paradigma no mundo. Todavia, aquilo a que assistimos durante a década de 1990 representa muito mais um reavivamento da religião. O fenômeno adquiriu várias nuanças, como a desclericalização na Europa, a revolução islâmica no Irã em 1978, a expansão islâmica na África, a mundialização do budismo com seu crescimento no Ocidente, o aumento de movimentos cristãos fundamentalistas, de um lado, e de religiões universalistas como a fé *bahá'í*, de outro.

Na análise de Durkheim[23], a religião encontra-se erigida na própria natureza das coisas. Se assim não fosse, logo a realidade faria uma oposição, à qual a religião não resistiria. A natureza da religião indica que ela está muito mais apta a explicar o que de comum e constante existe no mundo do que o que há de extraordinário.

> *Todas as crenças religiosas conhecidas, sejam simples ou complexas, apresentam um mesmo caráter comum: supõem uma classificação das coisas, reais ou ideais, que os homens concebem, em duas classes, em dois gêneros opostos, designados geralmente por dois termos distintos que as palavras* profano *e* sagrado *traduzem bastante bem. A divisão do mundo em dois domínios que compreendem, um, tudo o que é sagrado, outro, tudo o que é profano, tal é o traço distintivo do pensamento religioso: as crenças, os mitos, os gnomos, as lendas, são representações ou sistemas de representações que exprimem a natureza das coisas sagradas, as virtudes e os poderes que lhes são atribuídos, sua história, suas relações mútuas e com as coisas profanas.* (p. 19-20)

Nessa interação da religião com a dinâmica do mundo concreto, o pensamento de Weber[74] indica uma relação entre **ideias** e **interesses**. Seu método de análise histórica verifica esses valores causais em etapas: A primeira refere-se ao período formativo, de desenvolvimento da religião, no qual os diversos interesses e as vicissitudes da história afetaram suas referências sobre o divino e a promessa de salvação. No entanto, somente a religião era suficientemente racionalizada, ou seja, **sistemática** e **unificadora**, sendo esse corpo de ideias religiosas permeado de sua própria logicidade. Na segunda etapa, as promessas religiosas foram unificadas e sistematizadas dentro de uma ampla religião de salvação.

Dessa maneira, o pensamento weberiano baseia-se muito mais nos efeitos e nas condições impostos pela religião do que em um particular tipo de comportamento social. Segundo esse ponto de vista, a religião pode ser apreendida sob a ótica de experiências subjetivas, ideias e propósitos concernentes ao indivíduo. As mais elementares formas de comportamento motivado pelas religiões ou fatores mágicos estão orientadas para este mundo.

Segundo Weber[74], muitas das motivações religiosas também são orientadas para este mundo. A sociedade ocidental moderna foi forjada por processos de racionalização, calcados em grande parte pelas religiões universais. Sendo assim, a religião implementou um **caráter objetivo** às práticas sociais, endossando a tese de que possui um propósito preponderantemente econômico.

A visão extremamente secularizada da ação religiosa na Europa circunscreve as possibilidades de análise em uma realidade específica. Na explicação sobre os fundamentos religiosos do ascetismo laico, Weber[74] acena para a discussão sobre o calvinismo, na perspectiva de que essa vertente religiosa objetivaria para o mundo uma determinada **ação social**. A distinção aparece na valorização de um labor racional relacionado à glorificação deste mundo que edificaria a justa fé em Cristo.

A análise de Weber não atribui uma identidade específica e nem confere à religião uma verdadeira autonomia de análise. Ao projetá-la ao mundo concreto, o autor transforma o papel da religião em padrões da prática social. Trata-se, pois, de uma base cultural e de um estilo de vida racionalizados.

Na ótica do materialismo, a crítica da religião é a crítica da própria sociedade. No pensamento de base marxista, a religião não vive no céu, mas sim na terra; ela não é o fruto do sobrenatural nem uma enorme mistificação dos sacerdotes. A religião é um reflexo ilusório das contradições sociais e seria mais eficaz eliminar suas raízes sociais subordinando-a à luta de classes.

Marx e Engels[51] comentam:

> A *religião é a teoria geral deste mundo, a sua soma enciclopédica, a sua lógica sob forma popular,* son point d'honneur *espiritualista, o seu entusiasmo, a sua sanção moral, o seu complemento solene, a sua consolação e justificação universais. É a realização fantástica do ser humano, porque o ser humano não possui verdadeira realidade. Lutar contra a religião é, pois, indiretamente, lutar contra esse mundo, de que a religião é o aroma espiritual.* (p. 46)

Para Marx e Engels, os homens reais são os produtores de suas representações, de suas ideias. É a vida concreta que determina a consciência e, sob esse aspecto, a moral, a religião e a metafísica não têm uma autonomia real. Não tendo autonomia, também não têm história e nem desenvolvimento, pois "não é a consciência que determina a vida, e sim a vida que determina a consciência" (p. 85).

Portanto, a religião, sob o ponto de vista do materialismo histórico, é, paradoxalmente, a não existência de uma questão religiosa legítima. Dessa forma, ela seria uma nebulosa ideologia que destoa da realidade do mundo concreto.

A tese da religião como produto das relações concretas da sociedade demonstra apenas a aparência do fenômeno religioso. A interação social da religião e o modo como essas relações se processam são passíveis de discussão. Todavia, reduzir a religião puramente a um reflexo das relações contraditórias da sociedade não explica o mais fundamental, ou seja, seu **caráter sagrado**.

2.2
A RELIGIÃO COMO SISTEMA SIMBÓLICO

A RELIGIÃO NÃO SE RESTRINGE a uma modalidade social. Ela também se configura como um **sistema simbólico** reunido em torno da experiência do concreto, não só na dimensão da sociedade, mas também na de cada e qualquer indivíduo. De acordo com Lévi-Strauss, citado por Bourdieu[13], o psíquico é também elemento de significação para um simbolismo que o supera, sendo o mais pertinente meio de asseverar uma realidade diversificada, apreendida sinteticamente fora dele mesmo.

Bourdieu[13] lembra que a semiologia trata todos os sistemas simbólicos apenas como **instrumentos de conhecimento** e **comunicação**. No entanto, cabe ressaltar que essa premissa restringiu-se ao campo fonológico da língua e, nesse sentido, há o perigo de impingir ao objeto uma teoria da função (visto Durkheim[23]) de articulação lógica e social de representações coletivas e, principalmente, formas de classificação religiosa.

Os sistemas simbólicos, em sua estrutura, derivam em parte da aplicação sistemática de um mesmo princípio de classificação em que a organização social e natural do mundo se apresenta como uma dualidade, em que impera a lógica da inclusão e da exclusão, a associação e dissociação, e a integração e a distinção. Nessa referência estrutural-funcionalista, as funções sociais passam a ter um **caráter político**, pois promovem uma ruptura no ordenamento amplo e socialmente indiferenciado do mundo, promovido pelo mito.

Sendo assim, as funções socialmente diferenciadas de distinção social e legitimação são ocultadas quando a religião se encontra ideológica e politicamente manipulada. Sob esse aspecto, os sistemas simbólicos veiculam **poder** e **política**.

Referendamos, então, o pressuposto de que a religião, como sistema simbólico, seja um veículo privilegiado dos fluxos de poder ou, no dizer de Bourdieu[13]:

> *que sua temática refira-se à ordem, embora, em sentido bastante distinto, parece estranha a duas correntes: primeiro àqueles que tornam a sociologia dos fatos simbólicos uma dimensão da sociologia do conhecimento (ou melhor, privilegiam a sintaxe mais do que a temática) –, e segundo, àqueles que a encaram como uma dimensão da sociologia do poder. E não poderia ser de outro modo, uma vez que cada uma destas teorias só é capaz de apreender o aspecto que apreende vencendo o obstáculo epistemológico que, para ela, constitui, no âmbito da sociologia espontânea, o equivalente ao aspecto que a teoria complementar e oposta constrói.* (p. 31)

A discussão de Bourdieu demonstra que o malogro dessas concepções antagônicas reforçou o impedimento da interpretação estrutural e contribuiu para a impressão de incoerência simplista de uma ordem mítica. Assim, é evidenciada a ação simbólica eficaz da religião, com base na proposição de Durkheim, no que tange às funções sociais e propriamente políticas que a religião cumpre em favor do corpo social na totalidade.

Levando em conta o pressuposto de Durkheim, citado por Bourdieu[13], no que se refere à gênese social dos esquemas de pensamento, percepção, apreciação e de ação na base da divisão social em classes, somos direcionados à hipótese de que existe uma **correspondência** entre as estruturas sociais e as mentais, e que estas se estabelecem por meio da estrutura dos sistemas simbólicos, destacando-se, entre elas, a religião.

A religião contribui para a imposição (dissimulada) dos princípios de estruturação da percepção e do pensamento do mundo e, em particular do mundo social, na medida em que impõe um sistema de práticas e de representações, cuja estrutura objetivamente fundada em um princípio de divisão política apresenta-se como estrutura natural-sobrenatural do cosmos. (p. 33-34)

O fenômeno religioso revela, por meio dos símbolos sagrados, a síntese do *ethos* de uma determinada comunidade. As disposições morais, mesmo as estéticas e o próprio devir da existência, fazem parte da visão de mundo congeminada pela religião. Como coloca Geertz[30], muito embora não seja novidade que a religião ajusta as atitudes do homem em uma ordem cósmica e projeta essa mesma ordem na experiência humana, há a carência de um arcabouço teórico que dê conta de um estudo analítico dos diversos fenômenos resultantes da ação religiosa.

Nesse intuito, Geertz sugere uma definição de religião como reorientadora e estimuladora de uma nova abordagem do assunto.

Para Geertz[30], religião seria, então,

> *um sistema de símbolos que atua para estabelecer poderosas, penetrantes e duradouras disposições e motivações nos homens através da formulação de conceitos de uma ordem de existência geral e vestindo essas concepções com tal aura de fatualidade que as disposições e motivações parecem singularmente realistas.* (p. 104-105)

O parecer do autor coloca a religião como um sistema simbólico responsável por determinado tipo de comportamento social. Nesse sentido, ele admite o quadro de referência que a religião representa e a ordem existencial que ela configura.

A contribuição de Bourdieu[13], por sua vez, na formação de um campo religioso com especificidades próprias e, de certo modo, típicas e autônomas, relaciona-se diretamente à ligação entre o desenvolvimento e a racionalização das religiões universais e o processo de estruturação da cidade moderna e da vida urbana.

Para o autor:

> *as transformações tecnológicas, econômicas e sociais, correlatas ao nascimento e ao desenvolvimento das cidades e, em particular, aos progressos da divisão do trabalho e à aparição da separação do trabalho intelectual e do trabalho material, constituem a condição comum de dois processos que só podem realizar-se no âmbito de uma relação de interdependência e de reforço recíproco, a saber, a constituição de um campo religioso relativamente autônomo e o desenvolvimento de uma necessidade de "moralização" e de "sistematização" das crenças e práticas religiosas.* (p. 34)

A relação entre religião e cidade remanesce, torna-se mais complexa e adquire novos matizes. No testemunho de Mumford[60]:

A cidade tomou forma primeiro como morada de um deus, um lugar onde os valores externos se achavam representados, e reveladas as possibilidades divinas. Embora os símbolos tenham mudado, permanecem as realidades que haviam por trás deles. Hoje, como nunca antes, sabemos que as potencialidades não reveladas da vida vão muito além das orgulhosas álgebras da ciência contemporânea; e suas promessas para as posteriores transformações do homem são tão encantadoras quanto inesgotáveis. Sem as perspectivas religiosas incentivadas pela cidade, pode-se duvidar de que mais que uma pequena parte das capacidades de vida e saber do homem poderiam ter-se [sic] desenvolvido. (p. 621)

Além da premissa de complexificação estrutural da instância religiosa, que referendou uma autonomia relativa do campo religioso, as representações religiosas passaram da concepção de uma divindade primitiva, imprevisível e arbitrária a uma justa e boa, protetora da ordem social e natural.

Por outro lado, a racionalização de uma ordem moral em detrimento de tradições mítico-mágicas, por meio de um corpo sacerdotal especializado, conferiu à teologia o monopólio do discurso autorizado. O corpo sacerdotal autorizado por uma teologia cujas bases são dogmáticas "tende a substituir a sistemacidade objetiva das mitologias pela coerência intencional das teologias, e até por filosofias"[13] (p. 38).

Sendo assim, a instituição religiosa referenda um corpo sacerdotal que possui o monopólio das coisas sagradas apoiando-se em **princípios de visão** relacionados às disposições da crença, as quais, por sua vez, orientam as representações que revigoram esses princípios.

2.2.1
Capital simbólico

As instituições religiosas tradicionais também agem como empresa, com dimensões econômicas que visam estabelecer os padrões de sua continuidade. Os sacerdotes, por exemplo, detêm o monopólio dos cargos e dos encargos das instituições religiosas e suas devidas repercussões financeiras.

Nesse sentido, de acordo com Bourdieu[13], a constituição de um campo religioso "acompanha a desapropriação objetiva daqueles que dele são excluídos e que se transformam por essa razão em leigos [...], destituídos do capital religioso (enquanto trabalho simbólico acumulado)" (p. 39).

Esse processo de desapropriação refere-se especialmente aos grupos sociais que são excluídos e que ocupam uma posição inferior na estrutura de distribuição dos bens religiosos, "estrutura que se superpõe à estrutura da distribuição dos instrumentos de produção religiosa" (p. 39).

Sobre esse aspecto, Bourdieu identifica uma ruptura entre o trabalho material e o trabalho simbólico no que tange à divisão do trabalho religioso e, embora essa separação não signifique um esvaziamento do **capital simbólico**, é reconhecida uma tendência de deterioração do capital simbólico tradicional.

Nesse sentido, o capital religioso tenderia, assim, a oscilar entre o **autoconsumo religioso**, de um lado, e o **monopólio da produção religiosa por especialistas**, de outro, como mostra o quadro a seguir.

Quadro 2.1 – Capital religioso

Capital religioso	Competências	Características
Relações objetivas opostas aos bens religiosos	Domínio prático	Caracterizado por um esquema de pensamento e ação adquirido por simples familiarização, comum a todos do grupo e praticado de modo pré-reflexivo.
	Domínio erudito	Caracterizado por um *corpus* de normas e conhecimentos explícitos; é sistematizado por especialistas ligados a uma instituição social reprodutora de capital religioso.
Sistemas simbólicos	Sistemas mítico-rituais	Caracterizados pela coerência mítica e pelo sentido ritual dos sistemas simbólicos.
	Ideologias religiosas (teogonias, cosmogonias, teologias)	Caracterizadas por uma reelaboração erudita no intuito de adequação às funções internas dos agentes religiosos e externas no âmbito do Estado e dos conflitos sociais.

FONTE: Adaptado de BOURDIEU, citado por GIL FILHO, 1999, p. 104.

Diferentemente de Eliade, Bourdieu[13] enfatiza que a oposição entre o sagrado e o profano está mais relacionada com a posição dos agentes, no que tange à gestão do sagrado. De um lado, temos o corpo sacerdotal detentor do saber religioso e, de outro, os leigos como sendo profanos no sentido de não conhecedores do saber religioso e, portanto, estranhos ao sagrado e aos agentes autorizados gestores do sagrado.

Essa oposição imanente à própria instituição religiosa repercute também em toda e qualquer forma de religião dominada ou manipulação profana, como a magia e a feitiçaria, sendo essas consideradas inferiores e, portanto, vulgares.

Os pares de oposição entre religião e magia, sagrado e profano, manipulação legítima e profana do sagrado mascaram, na verdade, a posição de competência dos agentes religiosos autorizados dentro da estrutura de distribuição do capital religioso.

Como sistema simbólico, a religião estrutura a experiência e a expressa em certa coerência prática, mas também restringe o campo essencial dogmático, portanto, indiscutível, do que é passível de discussão.

A religião é a autoridade consagrada e, por isso, legítima, e, por meio da doutrina, redimensiona e submete as tendências do mundo natural e social. A prática implícita do *ethos* passa para a ética sistematizada por meio de **normas**. Essa transferência da práxis religiosa para a norma consagrada possibilita à religião ser legitimadora de um estilo de vida específico. Quando apropriada por um determinado grupo social, reveste-se de uma **função ideológica**.

Se o fenômeno religioso constitui "expressão legitimadora de uma posição social", a ideia fenomenológica pela qual a experiência religiosa seria de primazia pessoal deixa escapar os condicionantes sociais que possibilitam essa experiência.

O poder religioso utilizado como poder de transformação das representações e as práticas dos leigos demonstram como a gestão dos bens religiosos pode imprimir um novo *habitus* como base no pensamento, na ação e na percepção, segundo as normas de determinada representação religiosa do mundo.[13]

Essa proposição analítica refere-se à conexão entre a religião e o arranjo de uma visão política do mundo social, e ainda demonstra como as instâncias religiosas, os indivíduos e as instituições manipulam o capital religioso na concorrência pelo monopólio dos bens religiosos. A noção de capital religioso e *habitus* nos é apresentada como uma solução analítica interessante, pois confere **delimitação** e **operacionalidade** ao campo religioso (Figura 2.1).

Figura 2.1 – Campo religioso e "habitus"

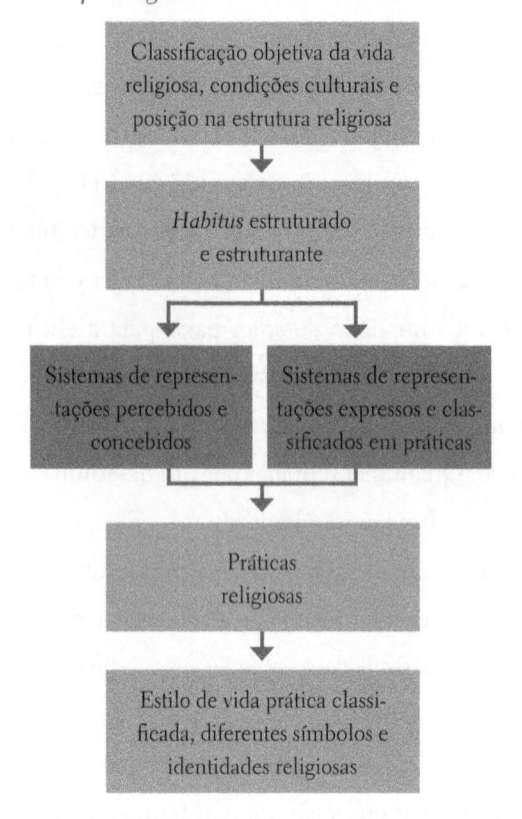

```
┌─────────────────────────────────┐
│  Classificação objetiva da vida │
│  religiosa, condições culturais e│
│  posição na estrutura religiosa │
└─────────────────┬───────────────┘
                  ▼
┌─────────────────────────────────┐
│       Habitus estruturado       │
│          e estruturante         │
└────────┬───────────────┬────────┘
         ▼               ▼
┌──────────────────┐ ┌──────────────────┐
│ Sistemas de repre-│ │ Sistemas de repre-│
│ sentações perce- │ │ sentações expres- │
│ bidos e concebidos│ │sos e classificados│
│                  │ │    em práticas    │
└────────┬─────────┘ └─────────┬────────┘
         └────────┬────────────┘
                  ▼
         ┌─────────────────┐
         │     Práticas    │
         │    religiosas   │
         └────────┬────────┘
                  ▼
┌─────────────────────────────────┐
│ Estilo de vida prática classi-  │
│ ficada, diferentes símbolos e   │
│    identidades religiosas       │
└─────────────────────────────────┘
```

FONTE: Adaptado de GIL FILHO, 1999.

Existem relações entre a vida religiosa e o cotidiano, as quais se realizam em determinadas condições culturais e na posição do sujeito na estrutura religiosa. A partir da identificação positiva dessas relações, configura-se uma classificação **objetiva** das práticas. A caracterização das práticas, por sua vez, forma o *habitus* religioso estruturado nas práticas e dialeticamente estruturando a estrutura instituída. Trata-se, pois, de um conhecimento adquirido a partir de uma **prática**, mas que também indica um **capital simbólico** incorporado pelo sujeito. Subsequentemente à caracterização do *habitus*, este é projetado em um sistema de representações articuladas e classificadas em práticas, as quais tanto são percebidas como concebidas. Sendo assim, torna-se possível a **identificação** e a **classificação** de práticas religiosas em diferentes contextos culturais e em diferentes sistemas simbólicos incorporados a uma identidade religiosa específica. Dessa maneira, o *habitus* religioso permite identificar uma caraterística específica do modo de vida.

Quando Bourdieu[13] desloca a atenção das ciências sociais das "realidades já nomeadas" para "as operações sociais de nomeação e os ritos de instituição", confere à linguagem, e mais propriamente às representações, um destaque significativo.

Então é questionada a eficácia, propriamente simbólica, da linguagem na construção da realidade, em que os processos de nomeação conferem uma estrutura inteligível ao mundo, e os agentes sociais, autorizados institucionalmente de forma abrangente, estabelecem os parâmetros reconhecidos na edificação desse mundo.

Resta-nos abandonar o pensamento restritivo da racionalidade tradicional e admitir uma revisão da análise científica da religião. Se não houve uma **ciência da religião** que possa ter promovido uma ruptura entre o conhecimento teológico e os investimentos do imaginário, ainda não foram as ciências sociais, a história, a sociologia ou a geografia humana que fizeram uma opção apoiada na objetividade científica. Também os poderes do imaginário religioso, do qual comungam religião e sociedade, não permitiram uma ligação direta e inequívoca entre o crente singular e a região das crenças que ele professa pertinentes ao seu imaginário.

Desse modo, o que intentamos é viabilizar um saber ligado à **prática** e ao **rito**. Diagnosticamos a renovada presença do saber vinculado ao cristianismo do século IV*. Todavia, com a ciência, asseguramos um caminho mais nebuloso do que com as manifestações do imaginário religioso tradicional. A permanência histórica e a presença social da religião, seu caráter institucional, sua hierarquia de valores, sua relação com a vida e a morte e suas promessas de transcendência são agora contestados pelo discurso redutor do **especialista**. Este, por sua vez, baseia sua autoridade na **postura** com que diz algo e não no **conteúdo** de seu discurso.

A transformação de uma semântica teológica em uma semântica científica nos coloca diante da ruptura entre a análise da religião, em um sentido amplo, e a de sua práxis cotidiana. Sendo assim, o visível submete o invisível, e esse processo permeia a articulação do discurso do especialista com seu objeto referencial. Por meio de uma interpretação específica da obra de Bourdieu, relativa ao campo religioso, podemos inferir que os instrumentos simbólicos podem ser agrupados em três perspectivas que o autor articula em sua própria teoria: estruturas estruturantes, estruturas estruturadas e as relações de poder e dominação.

As **estruturas estruturantes** revelam-se mediante o conhecimento que plasma o mundo objetivo, assim como podemos interpretar o sistema de Ernst Cassirer, por exemplo, por meio das formas simbólicas.

As **estruturas estruturadas** aparecem como nos mecanismos da linguagem e da estruturação do discurso. Nesse aspecto, referem-se às estruturas objetivadas, como, a análise da estrutura da linguagem em Saussure.

---

* Segundo Alberigo (1995, p. 28, grifo nosso), "O ato mais importante do concílio foi a redação e a aprovação da definição de fé, na forma de **símbolo**, um compêndio das verdades essenciais professadas pela Igreja".

As **relações de poder** que estão presentes como função ideológica na própria sociedade, como podemos verificar em Max Weber e, de modo específico, na obra de Karl Marx, na qual os aspectos políticos dos sistemas simbólicos em suas relações materiais são fundamentais.

O conceito de campo religioso permite observar os aspectos de determinada realidade com certa autonomia, setorizando as relações específicas ao campo e as de seu entorno, o que, por sua vez, permite tangenciar a complexidade do todo no reconhecimento da eficácia simbólica do campo que queremos explicar.

Três

O ESPAÇO SAGRADO
E SUAS ESPACIALIDADES*

O PLURALISMO RELIGIOSO CADA VEZ mais se consolida como uma realidade social urbana, fruto da dinâmica cultural pós-moderna. A pós-modernidade representa, entre outras características, a implosão dos grandes paradigmas e a fragmentação do conhecimento. No plano das instituições religiosas, configura-se como a relatividade dos discursos no que tange às respostas ao mundo em constante mutação. O que se apresenta como pós-modernidade, nesse caso, aproxima-se do solapamento da "grande narrativa", apontado por Lyotard[49], para uma série de versões possíveis.

De certo modo, na pós-modernidade há uma reabilitação da narrativa mítica. Isso porque, cada vez mais, o limite da modernidade não consegue criar metadiscursos e legitimá-los. O **metadiscurso** é um dispositivo de legitimação dos discursos de caráter totalizante, que entra em crise junto com a filosofia metafísica. Na historiografia, a **metanarrativa** passa a ser vista com desconfiança, pois essa função se dispersa em vários núcleos de elementos discursivos que colocam em questão as nossas certezas. No plano do discurso religioso, esse efeito é mais contundente, visto que as instituições religiosas utilizam-se do metadiscurso como legitimação de seu papel e de sua ideia de ordem social.

---

* Texto adaptado de GIL FILHO; JUNQUEIRA (2005).

3.1
ESTRUTURAS DO PENSAMENTO RELIGIOSO

NA PÓS-MODERNIDADE, O DISCURSO SE autolegitima na medida direta da produção e da acessibilidade de informações, bem como do poder de operacionalizá-las, como, com a utilização da mídia. Assim, o jogo de poder e legitimação do discurso faz-se com outras regras, desconstruindo os metadiscursos e colocando-os em crise, *vis a vis* às ideologias políticas.

Desse modo, as condições pós-modernas não conseguem ir além dos fragmentos. Logo, estamos diante de um germe da multiplicidade sem fim, que esconde as distinções entre as coisas. Assim, o novo é definido somente pela abstração, na medida em que as provas cabais do concreto são submetidas a uma variedade de discursos despregados de uma base unificadora legítima.

Em vista disso, compreendemos que a religião é um fenômeno complexo, multifacetado e de difícil definição. Baseados em Momen[56], podemos considerar três aspectos interdependentes:

- No plano individual, o fenômeno religioso é realizado com base na experiência do sagrado.
- No plano conceitual e doutrinal, corresponde à ideia universal de uma "realidade última" e à relação do homem com essa "realidade".
- No plano social, a religião está associada à maior ou menor coesão social e integração do indivíduo, assim como à criação de ordens sociais e institucionais, que são responsáveis pelos aspectos éticos e sociais da religião.

Com base na premissa de que a religião é uma forma de conhecimento relativo, é possível entendê-la como **dinâmica** e **diversificada**. Nesse aspecto, Cassirer[15] admite que, muito embora a observação empírica coloque em questão a unicidade do pensamento religioso, são recorrentes as características comuns aos diversos sistemas religiosos. Então, o princípio de articulação das atividades religiosas é o mesmo, e essa articulação, por conseguinte, é **funcional**. Disso, inferimos a ideia de um poder regulador que fornece coerência e estrutura ao pensamento religioso.

No ponto de vista de Cassirer[16], a natureza humana é considerada sob o aspecto funcional, e esse pressuposto de definição de homem coloca de lado a premissa da essência metafísica e o instinto inato. Como teoria do homem, o autor afirma que as atividades humanas são o que definem o devir da humanidade, de modo que a linguagem, o mito e a religião são essenciais a esse propósito.

A partir desse argumento do autor, cada vez mais o homem afasta-se do universo dos fatos e aproxima-se do universo simbólico. Esse homem, como ser simbólico, passa a reconhecer o mundo pelos seus **significados**. Dessa forma, podemos identificar quatro meios de articulação do processo de significação e ressignificação do mundo: a **linguagem**, as **artes**, a **ciência**, os **mitos** e a **religião**, conforme mostra a Figura 3.1.

Portanto, somos levados a procurar uma solução no conhecimento das estruturas das atividades humanas em seu todo. Linguagem, artes, a ciência, mito e religião são, pois, componentes funcionais que permitem que entendamos essa todalidade.

Figura 3.1 – Universos do pensamento

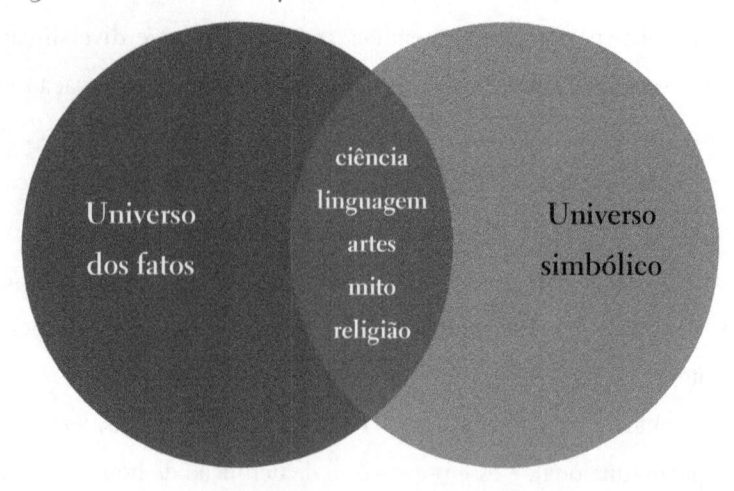

Universo dos fatos — ciência, linguagem, artes, mito, religião — Universo simbólico

Fonte: Gil Filho; Junqueira, 2005.

Consideramos as estruturas do pensamento religioso e mítico como formas de apreensão da realidade. No sentido funcional, a religião supera o caráter de objeto de análise e passa a ser tomada como **forma de conhecimento**. Com base nessa premissa, existe uma visão mítica e religiosa do mundo na qual o homem religioso se projeta.

3.2
Formas religiosas no tempo-espaço

Para compreendermos melhor o fenômeno religioso, podemos partir da desconstrução do pensamento mítico-religioso e, assim, verificarmos os sentidos das formas religiosas. O caminho apontado por Cassirer[15] indica que o tempo e o espaço, para a visão mítico-religiosa, não são homogêneos. No que se refere ao tempo, não há uniformidade e, por mais que se universalize seu conceito, há uma diferenciação de como ele é dado. Dessa maneira, o tempo é qualificado nos contextos culturais e históricos e pelo modo como as religiões se desenvolveram. Essa percepção qualificada resulta na ideia de que o tempo e o espaço sagrados sejam impregnados de rupturas qualitativas de acordo com a ênfase da dialética **sagrado** e **profano**. Desse modo, o tempo não é apenas a sequência dos acontecimentos, mas o sentido especial dado e a identificação das singularidades de cada período.

Na concepção de Halbwachs[40], o objetivo da religião é preservar intocável a lembrança de um momento ontológico considerado original no curso da história, sem que subsequentes memórias comprometam o ponto inicial. Desse modo, podemos esperar a concepção da **verdade absoluta**, sendo que o rito assume outros modos de preservação do momento primordial.

Os ritos apresentam um caráter de memória religiosa e estão presentes no discurso religioso de cunho apologético em relação a outros grupos religiosos. Quanto mais a memória religiosa se distancia dos eventos fundadores, mais tende a rejeitar outras memórias e, assim, realiza uma dialética entre a memória ancestral e os eventos hodiernos, que, por essa razão, colocam em questão a ortodoxia religiosa.

Em vista disso, a pós-modernidade apresenta temporalidades superpostas, que evidenciam o **pluralismo religioso** como característica impactante da religião. A experiência do tempo, sob a ótica da ortodoxia religiosa, encontra a oposição da velocidade e o fracionamento dos discursos no mundo pós-moderno.

Nossa opção é, então, a superação do tempo e da verdade absolutos no que se refere à religião como conhecimento, isso porque as temporalidades religiosas diferem das temporalidades seculares, pois a constituição da rede de relações que identificam um período na história religiosa possui operações culturais específicas, iniciadas num passado que, desse modo, trazemos à tona no presente.

Como afirma Le Goff[48]: "a oposição passado/presente é essencial na aquisição da consciência do tempo" (p. 7). Essa oposição é edificada e está submetida à temporalidade do sujeito que a constrói. As temporalidades religiosas são as das hierofanias e da gestão do espaço sagrado. A partir desses pontos, configura-se uma rede de relações que tecem a trama da história religiosa.

Já para Rehfeld[66], o sagrado é como aquilo que retorna no tempo, ou seja, uma reminiscência duradoura que se distingue do não sagrado, pois atribui significados à vida do homem no cotidiano. O tempo sagrado refere-se à lembrança de uma série de fatos que, periodicamente, são evocados nos ritos e nas festas sagradas. As características do tempo sagrado são a **permanência** e o **reavivamento sistemático** de um passado específico em uma temporalidade primordial.

Os tempos são construídos pelos discursos que se apresentam na realidade cotidiana, provocando as rupturas qualitativas nas quais discernimos o sagrado. Desse modo, o **tempo sagrado** está ligado ao contexto das ações simbólicas articuladas às dimensões de imanência e transcendência. É interessante salientar que essas ações simbólicas são também metáforas estruturadas que reúnem as pessoas nas práticas rituais religiosas.

Segundo Cassirer[15]: "para a concepção mítico-religiosa não se trata de uma síntese puramente lógica, da reunião com o 'agora' com o 'antes' e 'depois' na unidade 'transcendental da apercepção', mas aqui tudo depende de qual direção da consciência temporal adquire preponderância sobre todas as outras" (p. 210-211). Para o autor, existem diferentes "sentimentos de tempo" no plano da história da religião, e é justamente nessa alternância da percepção e significação do tempo que residem as diferenças do caráter de cada religião.

3.3
O ESPAÇO NA DIMENSÃO MÍTICO-RELIGIOSA

O ESPAÇO É SINGULAR NA intuição mítico-religiosa, pois ocupa uma posição intermediária entre o **espaço concreto material** e o **abstrato**, geométrico do conhecimento puro. O espaço concreto é o sensível, que não coincide com a apreensão do espaço abstrato. O material possui múltiplas determinações da percepção do sensível, as quais necessitam ser superadas para podermos atingir o espaço do conhecimento puro. Desse modo, o espaço abstrato tende à **homogeneidade**, e suas referências pressupõem noções de situação desprovidas de conteúdo autônomo.

No pensamento cassireriano, o ser do espaço abstrato é puramente **funcional** e **não substancial**. Tendo em vista que não há conteúdo em sua idealidade, também não existe o atributo da diversidade, portanto, o ser do espaço é **homogêneo**. O espaço homogêneo é concebido e realizado em sua lógica funcional. Todavia, no espaço sensível, esses atributos não são possíveis, pois cada lugar tem um significado singular e um valor próprio. Sendo assim, o espaço sagrado está muito mais próximo de um espaço da percepção do que dos espaços concebidos pelo intelecto.

Dessa maneira, o espaço sagrado é produto da consciência religiosa concreta e, nesse contexto, não é possível a separação entre **posição** e **conteúdo**, pois o último parte de uma consciência do vivido plenamente sensível. Então, em seu caráter, o espaço concreto percebido e o espaço sagrado são avessos à descrição universal e conceitual, mas são vividos como tal. Para cada posição no espaço sagrado, convergem valores afetivos específicos, atribuídos pelo homem religioso, sendo esse um espaço da intuição que distingue o sagrado do profano.

Em vista disso, compreendemos que o fenômeno religioso é uma realidade que se apresenta no espaço-tempo do cotidiano e que nos permite estudá-lo no âmbito das ciências humanas. Então, na qualidade de conceito-chave, o sagrado torna esse estudo operacional porque perpassa as várias instâncias do fenômeno religioso.

A espacialidade concreta de expressões religiosas compreende um espaço de expressões como dimensão objetivada do empírico imediato. Nesse contexto, o espaço sagrado se apresenta como palco privilegiado das práticas religiosas. Por ser próprio do mundo da percepção, ele carrega marcas distintivas da religião, conferindo singularidades peculiares aos mundos religiosos. Já os símbolos religiosos cumprem o papel de objetivação na construção do mundo religioso.

Nesse intuito, o espaço sagrado permite um esquema no qual os diversos elementos religiosos podem ser postos em relações mútuas. Há, por assim dizer, a espacialização daquilo que não é de natureza espacial, e suas distinções e rupturas permanecem nesse quadro como essencialmente qualitativas. Disso, compreendemos que o espaço sagrado é **estrutural**, pois o homem religioso define suas hierarquias qualitativas reveladoras de suas práticas religiosas, ao passo que o profano é apenas **funcional**.

Na espacialidade das representações simbólicas, o espaço sagrado é apresentado no plano da linguagem, na medida em que as percepções religiosas são conformadas a partir da sensibilidade das formas **tempo e espaço**. Nesse sentido, as coisas* religiosas da expressão empírica são configuradas como formas da intuição explicitadas em um processo de desenvolvimento rumo às representações. Trata-se, portanto, da saída do mundo das **sensações** e da entrada no mundo da **intuição**, que, pelo espaço, tempo e número, compõe a síntese lógica da linguagem.

Em vista disso, as determinações do intelecto transformam as impressões em **representações espaciais** e, como a linguagem desempenha a função lógica de conectar o mundo dos fatos ao mundo dos símbolos, ela o faz como um esquema que vai além da imagem, a qual é resultado da capacidade empírica das coisas sensíveis.

O esquema dos conceitos sensíveis, em Kant[46], é dada *a priori* e apresenta-se como coordenadas que tornam possíveis as imagens articuladas a conceitos. Assim, as representações são identificadas pelo esquema da linguagem tornando-as inteligíveis em termos espaciais. Esse processo, viabilizado pela linguagem, configura um espaço de representações simbólicas no qual também as representações religiosas são objetivadas. Nesse âmbito, portanto, o espaço sagrado é forjado nas representações de um espaço das religiões.

Dessa forma, a espacialidade do pensamento religioso é uma desconstrução do espaço das expressões empíricas e torna-se, assim, o espaço das representações simbólicas. Trata-se, pois, de um espaço sintético que

---

* O termo *coisa* é usado aqui no sentido de substância, a partir de um conjunto de ideias simples que a representam.

articula o plano sensível ao das representações galvanizadas pelo conhecimento religioso. Além disso, compreende as formas do conhecimento edificado e manifesto pelo homem religioso como um complexo de convicções hierarquizadas, relacionadas à tradição e ao sentimento religioso. Isso nos permite compreender que as crenças edificam um senso de sacralidade instrumentalizada pela herança de arranjos institucionais, que denotam determinadas visões de mundo. Nesse aspecto, o espaço sagrado, como espacialidade social do conhecimento, incorpora a ideia unificadora do pensamento religioso no conceito de **divindade**.

No momento em que o pensamento religioso alterna-se em objetivo e no subjetivo, ultrapassa e se liberta dos ditames funcionais da linguagem e atinge o plano da **transcendência**. Portanto, o discurso fundador das religiões corresponde às formas do conhecimento religioso nas quais o espaço sagrado é qualificado e normatizado. Existe, pois, uma espacialidade **metanarrativa** nos textos e nas tradições orais sagrados, a qual escapa à razão conceitual e só pode ser apreendida em sua plenitude no âmbito de cada religião. Isso posto, entendemos que a espacialidade dos textos e tradições orais sagrados é verificável nas práticas religiosas cotidianas e nas representações destas.

Explicitadas as espacialidades do sagrado, observamos a articulação estrutural entre a espacialidade da expressão concreta e a das representações. Quanto à espacialidade sintética e concebida do pensamento religioso, ela guarda os contornos da idealidade narrativa própria das tradições religiosas. Logo, a natureza do espaço sagrado torna possível a verificação de suas condicionantes estruturais e de apropriação. A ação social de apropriação é, em tese, relações de poder, e territorializa o espaço sagrado.

3.4
A DIMENSÃO TEORÉTICA DA CIÊNCIA

NA OBRA PUBLICADA POSTUMAMENTE, CONSIDERADA o volume 4 – *Philosophy of Symbolic Forms* – com o subtítulo *The metaphysics of Symbolic Forms*, Cassirer discute o âmbito da esfera dos significados particulares, conhecido também como o *mundo teorético* de aparência e de organização intelectual unificada, mas que possuiu várias dissensões e tensões.

Desse modo, a esfera teorética, em que destaca-se a ciência com forma simbólica, considerada como uma totalidade, possui similitudes nas esferas correlatas, como a arte, o mito, a religião e a moral. Há, por assim dizer, caracteres únicos de cada uma das esferas de significados, mas com estreita complementaridade.

Nesse ponto, Cassirer[17] considera que o criticismo kantiano esboçou com propriedade os limites analíticos do problema em questão na medida em que o "ser" é diferenciado do "dever ser", ou seja, os padrões do mundo da "natureza" se contrapõem ao mundo da "liberdade". Também entre os dois, a estética possui uma natureza específica.

Nessa linha de análise, a razão crítica, com suas especificidades, seu caráter universal e sua estrutura sistemática, nos mostra três aspectos fundamentais do conhecimento: a **teoria**, a **prática** e a **apreensão estética**. Na tese de Cassirer, as diferenças entre essas áreas estão mais afetas às formas do que ao conteúdo específico do conhecimento. Sob esse ponto de vista, o conhecimento teorético no *criticismo kantiano* começa com a **experiência**, no sentido de um rigoroso e matemático conhecimento da natureza. Nesse aspecto, a **forma** do conhecimento é engendrada a partir do retrospecto dos estágios da **percepção** e da **intuição**. É importante ressaltar que a essência do pensar teórico não provém desses estágios considerados preparatórios, sendo que o objetivo é o aperfeiçoamento dessa experiência.

Para Cassirer[17], "This end gives theoretical thinking its state of completion and makes it possible for us know it. In it, its form becomes an *actus purus*; it attains its proper and true 'reality'". Por meio da interpretação desse trecho, concluímos que a filosofia das formas simbólicas não se limita a uma mera sucessão de formas simbólicas estáticas. Ela consiste em uma dinâmica da busca de significados por meio dos quais se desenvolvem esferas específicas do ser, onde se realizam inicialmente esses significados. As determinações, com base nas formas simbólicas, não têm um fim em si mesmas, pois são um **processo**. Vale ressaltar que esse movimento não se reduz a uma direção única e particular. Assim, diferentes abordagens e ações são suscitadas, sendo que essas podem ser interpretadas de acordo com as diferentes categorias.

As formas da linguagem, do mito, da religião e do pensamento científico demandam uma **síntese necessária**. Dessa maneira, há uma **dialética** entre a unidade das formas e suas esferas de determinações significativas. O nível da experiência goza de certa liberdade em relação ao nível teorético, que constrói necessariamente classificações e diferenciações em áreas da cultura. Considerando esse contexto, lembramos que o mundo é subsumido sob a conformação da linguagem, do mito, da religião e do *lógos* em uma unidade coerente, não sendo dispersado em diferentes formas significativas. Desse modo, a separação entre as dimensões de expressões, de representações e de significações possibilitou o entendimento do caráter único da forma do mito, da forma da linguagem e da forma do conhecimento puro. Todavia, a totalidade do "mundo da natureza" permeia todas as dimensões, o que implica compreendê-lo como implementado e permeado pelas funções simbólicas das expressões, das representações e das significações.

Quatro

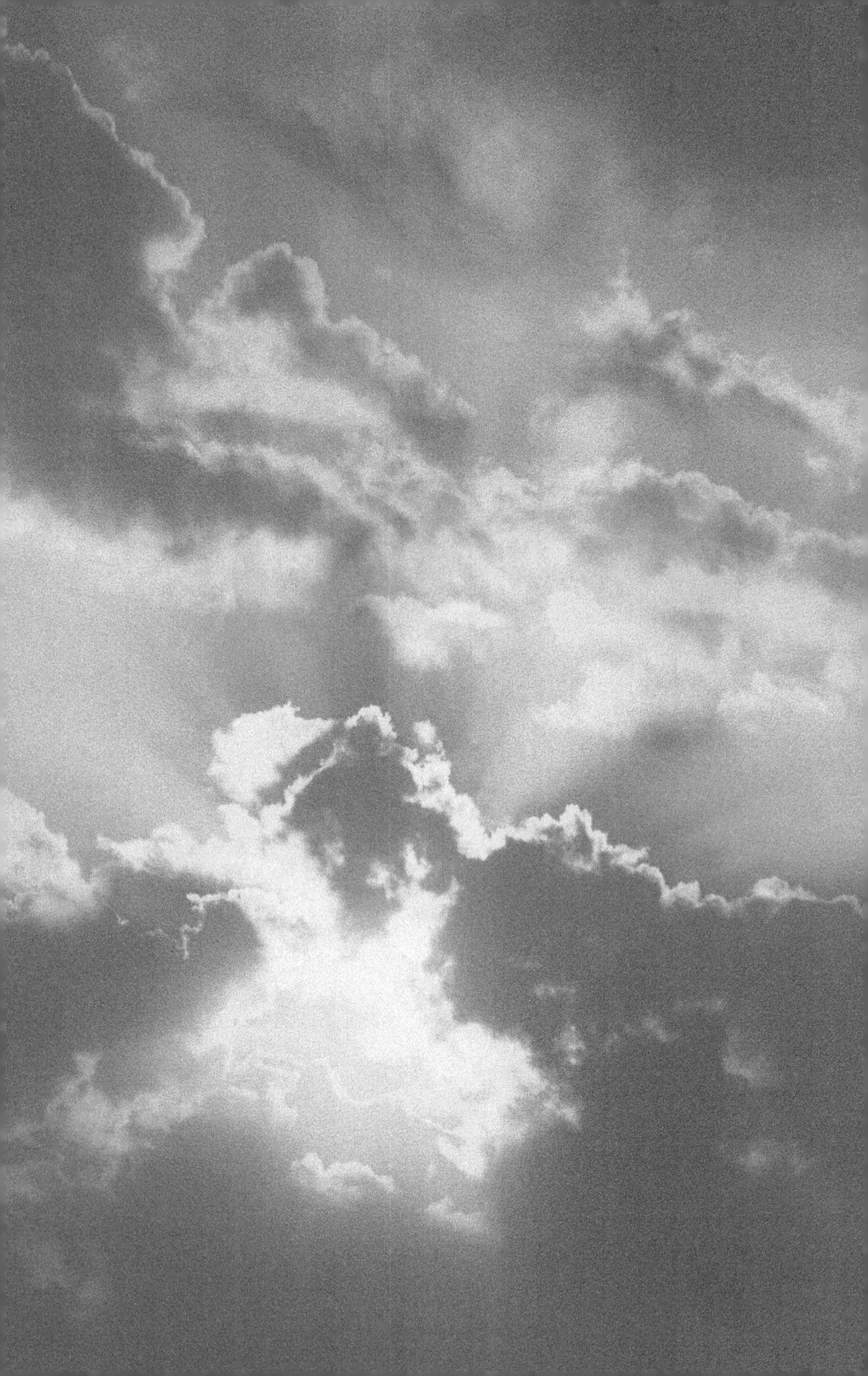

Formação da identidade religiosa e do discurso religioso

A IDENTIDADE RELIGIOSA É UMA construção histórico-cultural e socialmente reconhecível do sentimento de pertença religiosa. Como a identidade é um processo de construção social com base em atributos culturais, possui uma dimensão **individual** e outra **coletiva**. Sob essa perspectiva, podemos reconhecer que a autorrepresentação pode estar em contradição com a ação social. Isso se deve à pluralidade das representações e, por conseguinte, das identidades possíveis.

Já o discurso religioso pode ser considerado como a objetivação do símbolo no enlace do sagrado com a realidade social, pois a eficácia simbólica da linguagem é um arcabouço do mundo social.

4.1 Identidade religiosa

O DESENVOLVIMENTO DA IDENTIDADE RELIGIOSA está condicionado a determinada temporalidade e espacialidade, perpassando o reconhecimento institucional da religião. Já a ideia de **pertença** permite um reconhecimento não necessariamente institucional da opção religiosa. A identidade religiosa refere-se a uma imagem institucional necessária e demonstra a materialidade da religião e a representação pela qual o indivíduo e o grupo se identificam.

Todavia, ao destacarmos a identidade religiosa, também estamos diante de uma construção que remete à materialidade histórica, à memória coletiva e à espacialidade da própria revelação religiosa processada em determinada cultura.

Podemos distinguir, de acordo com Castells[17], três formas de construção da identidade:

1. **Identidade legitimada**: introduzida pelas instituições dominantes na sociedade.
2. **Identidade de resistência**: própria da oposição dos atores sociais à ação das instituições dominantes.
3. **Identidade projetada**: se dá quando os atores sociais constroem uma nova identidade baseada na redefinição de suas posições sociais, as quais possibilitam uma transformação da estrutura social.

A categorização das formas de construção da identidade possibilita edificar uma ponte analítica rumo à especificidade do que denominamos de *identidade religiosa*. Como esta é erigida com base no quadro de referência institucional da religião, é capaz de ser o **amálgama social** da construção de diferentes territorialidades.

As instituições dominantes, como a Igreja Católica Romana no Brasil, permitem-nos categorizar a identidade religiosa católica como a identidade legitimada. Toda e qualquer discussão em relação ao sentimento de pertença à instituição dominante pode ser reconhecida a partir dessa base.

As igrejas da Reforma, por exemplo, podem representar uma reação à identidade dominante ou mesmo a uma identidade projetada, mas seria precipitado afirmar que as igrejas protestantes como um todo representam tal oposição. Isso se deve ao fato de que as igrejas ditas da Reforma não se constituem em um movimento único e monolítico. Desse modo, a identidade religiosa pressupõe uma relação de conteúdo que escapa à análise da estrutura social aparente.

Tratando-se de religiões de origem diversa da cultura cristã, a relação de diferentes identidades torna-se mais complexa. Assim, a mobilidade entre igrejas cristãs não representa necessariamente uma ruptura com a representação dominante. Todavia, a mobilidade entre tradições religiosas de origens diversas pode, com mais substância, representar uma ruptura de resistência e até de reestruturação social.

Por assim ser, a análise deste capítulo está baseada na ideia da diversidade da identidade religiosa, sendo que esta possui um caráter primordialmente **institucional**. A ação institucional planejada só tem sentido, então, quando reconhecemos a possibilidade do indivíduo de mudar sua relação de identidade.

Uma análise detida reconhece que a ação de expansão e preservação das instituições religiosas se mostra factível à medida que comparamos instituições diferentes que estejam configurando territorialidades diversas do sagrado, em um determinado espaço geográfico e contexto histórico. A ação institucional diferenciada repercute, então, em espaços de representação díspares ou mesmo conflitantes.

4.2
O DISCURSO RELIGIOSO

PARTIMOS DA PREMISSA DE QUE o discurso religioso é parte indissociável do sagrado, cerne que evidencia qualitativamente uma autonomia do campo religioso em relação ao plano secular do discurso.

Na construção do discurso e na possibilidade de nomeação do mundo, a prática das ciências sociais descurou os chamados *atos de instituição*, que, segundo a lembrança de Bourdieu[13], seriam um objeto privilegiado das operações de nomeação e dos ritos de instituição.

Existe uma conjunção entre a prática social da religião e o sagrado que permeia o discurso religioso tradicional. Vale lembrar que a eficácia simbólica do discurso religioso reside muito mais na apreensão da institucionalidade consagrada dos atos de enunciação do que propriamente no conteúdo que eles propõem.

Por outro lado, o capital simbólico de uma instituição religiosa também pode ser reconhecido no plano do **interdiscurso***, além de estar diretamente ligado à instituição. Sendo assim, a legitimidade e a autoridade do discurso são proporcionais a esse capital simbólico construído e reconstruído em diversos contextos históricos.

Quando nos referimos ao documento religioso normativo, o líder religioso personifica o poder pleno de enunciar em nome da instituição, pois ele é a própria instituição que fala. Há, por assim dizer, um poder fora da palavra que rege o argumento e nos faz conhecer a performática do discurso.

Muito além da pura descrição dos enunciados – os quais, no dizer de Foucault[28], remetem-nos aos princípios de regularidade de uma mesma formação discursiva e nos possibilitam, na construção enunciativa, materializar os conteúdos –, o discurso religioso preconiza uma continuidade por meio de um **sujeito fundador ideal**.

Desse modo, partimos da premissa de que todo e qualquer discurso religioso tradicional tende ao discurso da verdade ou para a verdade, sendo esta revestida do caráter de permanência em contraposição à obsolescência crescente do discurso laico.

---

* Entendido como a relação de um discurso com outros discursos. De acordo com o dizer de Maingueneau (1997), no interdiscurso procura-se compreender a interação entre formações discursivas diferentes.

A permanência do sagrado aparece como característica distintiva do discurso religioso frente ao profano, revelando, por assim dizer, a temporalidade diferenciada do sagrado em relação à temporalidade profana.

Já o contexto fragmentário que o mundo hodierno nos impõe mostra o ruir das totalidades que tantas vezes a ciência e a religião tomaram como base de reflexão e de ação. Nesse sentido, o rito da linguagem está intimamente ligado à **posição social** da autoridade investida, sendo esta representante da *performance* pela qual a própria instituição é reconhecida.

A condição da instituição religiosa diante das questões que a realidade atual constantemente enseja pode repercutir no retorno da unicidade da verdade religiosa, inculcada pela fé, ou dos fundamentos originários.

Cabe reconhecer que a instituição religiosa é colocada diante de dois principais dilemas: **preservar a tradição** e **expandir o número de adeptos**. No primeiro, está representado todo o elo com o passado, que autoriza de forma mítica o discurso. No segundo, recompõem-se os significados dos enunciados passados em uma lógica para o futuro.

Nas diversas reformulações do discurso religioso existem verdades outrora inculcadas que assumem nova indumentária e que pressupõem um novo *habitus*. Por ser a tradição o princípio revelador da ideia de **continuidade**, o apego a ela demonstra sobremaneira a tentativa de manter o fio condutor de permanência da instituição religiosa.

Orlandi[62], no intuito de definir o discurso religioso, introduz a noção de **reversibilidade**, colocando-a como condição do discurso, ou seja, sem essa dinâmica na relação de interlocução, o discurso não teria continuidade, não se realizaria na plenitude. Adjacente à reversibilidade, está o critério de **polissemia**, pois, em todo discurso, o sentido escapa ao seu locutor. Sob esse aspecto, o **discurso autoritário** tende a reter a polissemia e a almejar a monossemia. Assim como o discurso autoritário, o religioso assume uma ilusão de reversibilidade, o que denota a tendência para **monossemia**.

A tipologia de Orlandi[62], no que se refere ao discurso religioso, parte de Althusser[3], que configura como exemplo a **ideologia religiosa cristã**. Nessa reflexão, o filósofo francês afirma que a ideologia religiosa tende sempre a transformar os indivíduos em sujeitos submissos à condição de escolha passiva em relação ao sujeito principal a que todo enunciado se refere: esse outro sujeito é único e absoluto, ou seja, Deus. Assim, a "interpelação dos indivíduos como sujeitos supõe a existência de um outro sujeito, único, em nome do qual a ideologia religiosa interpela todos os indivíduos como sujeitos" (p. 11). Nesse contexto, o discurso religioso é caracterizado como aquele em que fala a voz de Deus, sendo que qualquer representante deste é a **voz da divindade**.

Todavia, seremos cautelosos em relação a essa tipologia esboçada. Isso porque, em primeiro lugar, a multiplicidade das estruturas religiosas dificulta a padronização de uma tipologia constante para todo e qualquer discurso religioso elaborado por essas instituições. Sob outro aspecto, podemos considerar que a noção de ilusão de reversibilidade que aproxima o discurso religioso do discurso autoritário é precipitada. Da mesma forma, o reconhecimento do sujeito na divindade como enunciador e dos sujeitos como enunciatários interpelados não reduz a possibilidade de mudança de posição no plano discursivo.

Atinentes a essa possibilidade, reconhecemos dois subsistemas dialógicos, no que tange ao discurso religioso:

- O primeiro refere-se ao discurso do enunciador devidamente consagrado em relação ao discurso feito e sacralizado em texto, que se reporta ao plano da divindade.

- O segundo refere-se ao discurso do enunciador, institucionalmente autorizado em relação aos enunciatários no plano temporal.

A intermediação desses dois subsistemas dialógicos possibilita a aproximação da característica que identifica essencialmente o discurso religioso, ou seja, o seu caráter sagrado. Assim, a redução do discurso religioso à simples ideologia pode cooptar conceitos do discurso político e relegar a um plano secundário o caráter sacro do primeiro, enquanto o último é simbólico e signatário do termo de distinção do não sagrado.

Além disso, a temporalidade do discurso religioso difere de modo significativo da temporalidade do discurso político. Nesse sentido, podemos caracterizar o discurso religioso como o discurso daquele que fala do sagrado, o qual representa uma ruptura qualitativa na formação discursiva e que, em última instância, aponta a situação dos sujeitos do discurso.

Portanto, o discurso religioso tradicional caracteriza-se como um discurso baseado na verdade, sendo que, em direção à verdade **religiosa**, a primeira (verdade) é consagrada e única, conceitualmente intrínseca à realidade humana, absoluta em essência; já a segunda (verdade religiosa) refere-se ao caminho que os sujeitos constroem ligados ao discurso fundador já dado e permanente.

Como afirma Bourdieu[14], "a especificidade do discurso de autoridade reside no fato de que não basta que ele seja compreendido [...], é preciso que ele seja reconhecido enquanto tal para que possa exercer efeito próprio" (p. 91). Esse reconhecimento concretiza-se à medida que se evidenciam certas condições que o legitimam. Ao reapresentar a evidência de que determinada instituição religiosa é depositária de uma mensagem que provém da própria divindade, a instituição legitima seu discurso, produzindo as condições necessárias para emitir juízos sobre o pensamento especulativo, científico ou mesmo teológico, que se torna relativo em determinada época.

A alavanca pela qual o discurso institucional se realiza encontra, muitas vezes, no pensamento dogmático a sua própria eficácia. Se o homem pode atingir a verdadeira orientação dada pela revelação religiosa, escapa ao acesso do que legitima esse discurso. Então, ao afirmar o mistério da revelação religiosa, a instituição aponta o que é sagrado, sendo este legível como fenômeno. É interessante observar a eficácia simbólica das palavras, pois, embora a revelação não encontre realização nelas próprias, torna-se reconhecível no cotidiano e no plano da história.

Cabe ressaltar o caráter do que se denomina *verdade religiosa*, pois esta pode assumir várias caraterísticas em diferentes tradições religiosas. Panikkar, citado por May[53], reconhece a questão da pluralidade religiosa como impactante do pensamento teológico e especulativo contemporâneo. Seis grupos tipológicos são possíveis nessa discussão:

- **Reclames falsos**: toda religião é falsa, pois sua base de legitimação é falsa. Não existe um destino último ou realidade.
- **Subjetivismo**: toda religião é verdadeira na perspectiva de que é a verdade para os seus adeptos.
- **Exclusivismo**: apenas uma religião é verdadeira. As outras são apenas, no melhor das hipóteses, aproximações.
- **Inclusivismo** (tradição primordial): todas as religiões participam de uma mesma essência e, em última análise, suas aproximações recaem em uma mesma verdade.

- **Processo histórico e relativismo histórico**: as religiões são meros produtos da história, com semelhanças e diferenças de acordo com os contextos históricos que as produzem.
- **Pluralismo**: a verdade é plural e, como tal, as religiões apresentam perspectivas únicas e circunstanciais em múltiplas aproximações.

Desse modo, o discurso religioso opera uma relação de dependência dos enunciatários em relação à verdade religiosa, por meio da manutenção de certas visões de mundo. Todavia, como forma de conhecimento, as bases religiosas articuladas no discurso são constantemente impactadas pelas transformações da contemporaneidade e pelo contexto em que se desenvolvem.

A fragmentação do conhecimento e da ação recompõe a possibilidade do **contradiscurso**. A diversificação do discurso religioso e filosófico autônomo denota a redefinição do contrato de delegação dado ao clero e aos teólogos. Assim, essa crise de autoridade discursiva solapa a salvaguarda da instituição religiosa como depositária única de uma verdade absoluta.

Contudo, há uma relativização do reconhecimento por aqueles que recebem o discurso do ato autorizador daquele que profere esse discurso. No dizer de Bourdieu[14],

> *a eficácia simbólica das palavras se exerce apenas na medida em que a pessoa-alvo reconhece quem a exerce como podendo exercê-la de direito. [...] tal eficácia repousa completamente na crença que constitui o fundamento do ministério, esta ficção social, e que é muito mais profunda do que as crenças e os ministérios professados e garantidos pelo ministério.* (p. 95)

Bourdieu[14] analisa a crise religiosa além do universo de representações e a coloca no plano das relações sociais:
- Sob o ponto de vista social, o rito em muito investiu de sentido o dizer institucional, pois consagra alguns em relação a outros para a experiência do sagrado ou a autorizada experiência do sagrado. A dessacralização do mundo promoveu a ruptura entre o sistema ritual e o sistema semântico, esvaziando o sentido e colocando o discurso religioso fora de contexto.
- Cada rito visa consagrar e legitimar a ação religiosa, ou seja, permitir a ação reconhecida no mundo social. Quando o rito de instituição é relativizado, coloca-se em dúvida a ação religiosa, relatividade presente na pluralidade, na multiplicidade dos sentidos em que o conteúdo do que se fala não encontra referências na prática social.

Com base em uma apreciação do discurso religioso de modo geral, podemos apontar algumas caraterísticas:
- Há um embate entre a verdade religiosa como única e a pluralidade das religiões como dinâmica na articulação do discurso.
- O discurso religioso é considerado como discurso de apropriação do sagrado.
- Há a verificação de dois subsistemas dialógicos de autoridade do discurso: entre sujeito ideal e divindade/instituição religiosa e instituição religiosa/enunciatários, representando um sistema dialógico com três categorias de enunciados hierarquizados, dependendo da posição dos sujeitos, ou seja, a divindade, a instituição religiosa e os crentes.

Dessa forma, o discurso religioso possui uma característica específica, cujas representações de poder são legitimadas pela condição de ser religioso. Todavia, o pluralismo religioso relativiza sua condição inicial do monopólio dos líderes religiosos, na manutenção desse poder simbólico. O discurso religioso próprio de um mundo de representações nos remete a uma relativização do conceito de identidade religiosa. Nesse aspecto, a identidade não é uma ontologia necessária, mas a conformação de um mundo de significados intencionalmente articulados no plano do discurso.

Sendo uma construção simbólica, o mundo conformado pelo discurso religioso é um mundo de sentidos que emerge não de uma realidade dada, mas da projeção representacional de uma realidade religiosa presente no discurso fundador. Quando apropriado e legitimado pela autoridade religiosa, esse discurso implica uma relação de poder específica.

Cinco

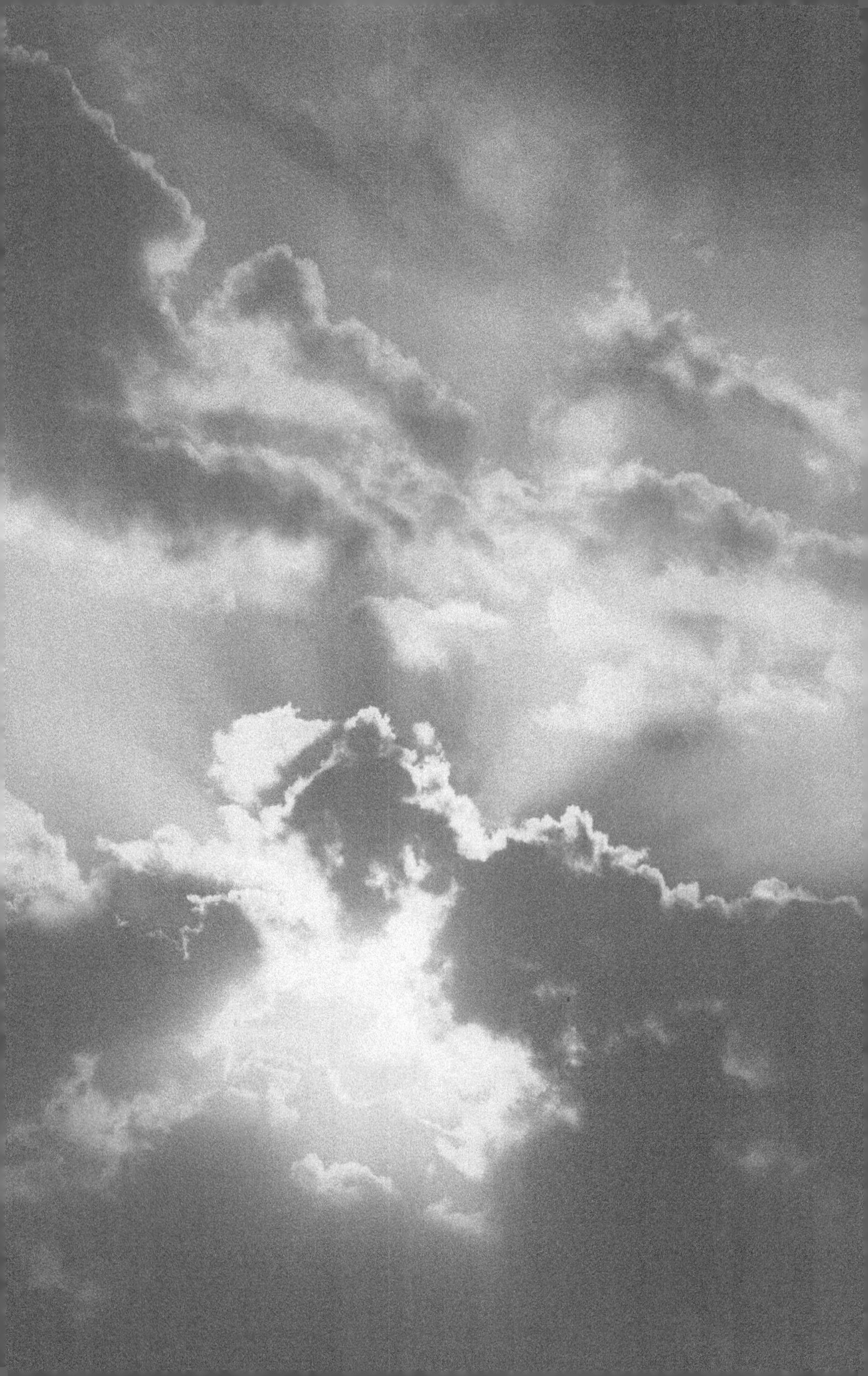

Espaço de representação e territorialidade do sagrado*

O espaço de representação refere-se a uma instância da experiência da espacialidade originária na contextualização do sujeito. Sendo assim, trata-se de um espaço simbólico que perpassa o espaço visível e nos projeta no mundo. Dessa maneira, articula-se ao espaço da prática social e de sua materialidade imediata. Na concepção de Merleau-Ponty[54]:

> o espaço não é um meio contextual (real e lógico) sobre o qual as coisas estão colocadas, mas sim o meio pelo qual é possível a disposição das coisas. No lugar de pensarmos o espaço como uma espécie de éter onde todas as coisas estariam imersas, devemos concebê-lo como o poder universal de suas conexões. (p. 258)

O que implica a fenomenologia do espaço, conforme Merleau-Ponty, é uma análise da experiência espacial centrada no sujeito subjetivo. Desse modo, é a percepção do indivíduo que edifica o conhecimento do espaço e, assim, estrutura o segundo espaço. Contudo, o pensamento e a ação do sujeito perpassam a possibilidade de haver representações de caráter social, como já discutimos anteriormente.

5.1
A espacialização do mundo

O próprio Durkheim[23] demonstrou que o espaço não é um meio vago e indeterminado, como é próprio do pensamento kantiano, pura

---

* Texto baseado em Gil Filho (1999).

e absolutamente homogêneo. Se assim o fosse, ele não suscitaria o pensamento, e a representação espacial seria uma "primeira coordenação introduzida entre os dados da experiência sensível"[23] (p. 17-18). Além disso, se o espaço fosse de caráter qualitativamente homogêneo, essa premissa seria impossível.

Durkheim[23] reserva a referência espacial ao caráter social do espaço. Desse modo, são os atores sociais que, por meio de parâmetros coletivos, atribuem sentidos e significados espaciais, revestindo o espaço de uma natureza social:

Vale dizer que o espaço não poderia ser ele próprio se, assim como o tempo, não fosse dividido e diferenciado. Mas essas divisões, que lhe são essenciais, de onde provêm? Para o espaço mesmo, não há direita nem esquerda, nem alto nem baixo, nem Norte nem Sul. Todas essas distinções provêm, evidentemente, de terem sido atribuídos valores afetivos diferentes às regiões. E, como todos os homens de uma mesma civilização representam o espaço da mesma maneira, é preciso, evidentemente, que esses valores afetivos e as distinções que deles dependem lhes sejam igualmente comuns; o que implica quase necessariamente que tais valores e distinções são de origem social. (p. 18)

Na discussão sobre a espacialização do mundo, Bettanini[12] coloca o espaço de representação como parte de uma classificação na qual teríamos quatro categorias distintas: o espaço mítico, o espaço geométrico, o espaço sagrado e o espaço de representação.

O **espaço mítico**, como modalidade do espaço antropológico, é, na abordagem fenomenológica, uma **restrição ao vivido**. No dizer de Cassirer[16], o espaço mítico cumpriria a mesma função simbólica do espaço geométrico ao conferir objetividade à natureza. A visão mítica do espaço é a reprodução de algo que em si mesmo não é espacial. Segundo esse autor, sob a dimensão do pensamento primitivo, o espaço é um **local de ação**, sendo que é impossível um sistema de espaço ou um esquema de sua representação. A relação do homem primitivo com o espaço seria concreta e nítida, não carecendo de uma intermediação abstrata.

Já o **espaço geométrico** abstrai totalmente a heterogeneidade da própria natureza e nos apresenta um espaço homogêneo abstrato ideal. O espaço sagrado seria uma restrição classificada do espaço mítico, ou seja, um terreno de mediação entre a terra e o céu. Trata-se, pois, de uma ruptura qualitativa que, no dizer de Eliade[27], seria o espaço das hierofanias.

Por fim, o espaço de representação seria edificado pela religião laica da política. Também é visto como consagração do poder político e, nesse sentido, o espaço de representação substituiria o espaço sagrado devido às crises de base das instituições religiosas.

5.2
GÊNESE DO ESPAÇO DE REPRESENTAÇÃO

O ESPAÇO DE REPRESENTAÇÃO É uma categoria emprestada do historiador Mosse[59], que identificou os símbolos do nacionalismo pela fusão entre **estética** e **política**, expressas espacialmente. Nesse contexto, ele percebeu que a noção de pátria se evidenciava por meio de signos de poder em espaços públicos e monumentais. A consagração do poder político, coisificado pelos monumentos nacionais, seria a referência material da ideologia política.

Mosse identificou ainda que a maior parte dos ritos e dos símbolos utilizados pelos sistemas nacionalistas totalitários teve como base a liturgia cristã. Essa consagração do nacionalismo como religião laica da humanidade representaria a edificação de um culto profano capaz de objetivar novo sentido à prática espacial.

A direção tomada por Mosse[59] possui antecedentes no próprio Iluminismo e também nos ideais laicos da Revolução Francesa. Rousseau (citado por Bettanini[12]) havia se inspirado no teatro da Grécia Antiga quando sugeriu aos poloneses o culto coletivo em torno de um monumento patriótico para construir a lembrança e a consciência do valor da pátria. Em um culto religioso do poder político e do Estado, certamente a divindade seria o líder político revestido da consagração ritual, da representação e da investidura do Estado. Analogamente, os sacerdotes seriam os políticos identificados com esse poder temporal e, talvez, a oferenda às guerras fossem inspiradas por ideologias nacionais.

Todo o encadeamento lógico da conformidade religiosa do fascismo ou mesmo do stalinismo remete-nos ao quanto a ideologia política se consubstancia em espaços de representação.

Contudo, a discussão de Mosse[59] não contrapõe o espaço de representação à noção de espaço sagrado, pois sua temática era o nazismo e o fascismo e como essas ideologias edificam determinadas percepções da realidade.

Entretanto, não parece nítida a noção de que o espaço de representação seja uma categoria específica referente ao mundo dessacralizado. É mais evidente que os atores sociais qualificam e edificam espaços de representação de acordo com motivações coletivas, tanto religiosas como políticas, nas quais o poder é imanente. Em vista disso, o cotidiano se expressa em espaços de representação.

O desenvolvimento da história do espaço articula as condições do tempo em **redes**, que, por sua vez, estão subordinadas às estruturas políticas. Desse modo, a história do espaço não se assenta na ideia de processo histórico nem tampouco na compreensão de transformações estruturais, que, em última análise, caracterizam os eventos e as instituições.

A prática mental e social do homem imprime transformações na natureza que, por meio do entrelaçamento das relações sociais, configuram uma particular representação do espaço. Por outro lado, a ação simbólica aponta para um espaço de representação. Cabe asseverar que espaço e tempo não são inseparáveis; um implica o outro.

Consideramos, na análise do espaço de representação, que o fenômeno religioso, sob o prisma de sua espacialidade, enseja algumas questões teóricas importantes:

1. Quais são os limites teóricos entre o espaço sagrado e o espaço de representação?
2. Como a categoria do espaço de representação revela o fenômeno religioso?

No que tange à primeira questão, há a necessidade de redimensionar o espaço de representação enquanto conceito. Desde já, descuramos a classificação exposta por Bettanini[12] ao considerar que o espaço de representação próprio do mundo dessacralizado gera uma oposição consciente em relação ao espaço sagrado, muito embora essas duas categorias sejam expressões de permanência cristalizadas nos objetos e monumentos. Em sua análise, Bettanini admite que é, talvez, "o momento de abandonar os monumentos do espaço de representação e de se aproximar dos documentos do espaço cotidiano, transformando-o em monumento" (p. 107). A compreensão do autor perpassa a fixação de um espaço de representação laico, ao qual remonta o trabalho de Mosse, e de um espaço sagrado (a partir de Eliade), ambos cristalizados pelo rito e coisificados em objetos de culto.

Bettanini[12] aponta para o **vivido** como a dimensão própria do ser. Segundo o referido autor, se existe um tempo vivido, por certo também existe um **espaço vivido**, um espaço experienciado que brota da dimensão do corpo em relação aos outros corpos. Ou seja, há a expressão da vida cotidiana, das formas cotidianas fluidas em contraponto com a rigidez do monumento, do edifício do templo, da ritualização da religião e da política.

As experiências do cotidiano e do sagrado remetem à tese de Moscovici[58], que demonstra as representações como tudo aquilo que se propõe a tornar algo ou alguém não familiar em algo ou alguém familiar. Essa é a tentativa de conceber um universo consensual em contrapartida a um universo reificado, ou seja, o jogo de forças entre o *opus proprium* e o *opus alienum*, que representa a divisão profunda do conhecimento da realidade. Classicamente, era o que distinguia as esferas da ciência sagrada e da ciência profana, sendo substituído pelos conceitos de universo consensual e reificado. Sob o âmbito consensual de sociedade existem a equanimidade e a liberdade de representar o grupo devido a determinadas circunstâncias complexas e ambíguas em mundos institucionalizados. Todavia, um universo reificado é intrinsecamente desigual, constituído de classes de papéis. A competência é determinada pelo mérito atribuído e pelo direito de exercer determinada função. São sistemas preestabelecidos, nos quais a permuta de papéis sociais é hierarquicamente condicionada.

De certo modo, as ciências tratam especialmente do universo reificado, sendo as representações sociais parte do universo consensual. O propósito do primeiro é estabelecer uma gama de forças, objetos e eventos independentes de nossos desejos, em que reinariam a imparcialidade e a objetividade da precisão intelectual. Já as representações remetem à consciência coletiva, que explica o que é de interesse imediato e acessível a qualquer um. Seria, então, a realidade prática apreendida por meio da apropriação comum da linguagem e da imagem, bem como da sua veiculação de ideias.

Portanto, o espaço de representação é o reino da esfera consensual, e a expressão da esfera reificada da consciência coletiva, o momento em que o atributo de ser uma coisa se torna típico da realidade objetiva. Sua prática cotidiana é, então, a própria representação, e sua expressão é o condicionamento do poder exercido.

O espaço de representação é, pois, um espaço vivo com ligações afetivas, *locus* da ação e das situações vivenciadas. É relacional em percepção, diferencialmente qualitativo e dinâmico, e de natureza simbólica.

A implicação temporo-espacial das representações sociais nos remete às **relações de poder**, e este é correlato à noção de apropriação e à definição de papéis sociais hierarquizados. Assim, uma das formas concretas de apropriação temporo-espacial mediada pelo poder é o **território**.

Entretanto, no campo das representações sociais há uma intenção adjacente de controle e legitimação na definição de territórios, à qual atribuímos a noção de territorialidade, que, por sua vez, está presente em qualquer representação social cuja intenção seja definir as fronteiras de controle e a apropriação de determinada realidade social.

Nesse sentido, compartilhamos de uma territorialidade relativa, além da fachada do comportamento social humano ou da moldura perene das estruturas espaciais. Trata-se de uma estrutura social dinâmica vivenciada no cotidiano sob forma de **representações sociais**. Desse modo, o espaço de representação, com destaque para a nossa temática, expressaria a dinâmica entre o fenômeno religioso e a prática social mediada pelo poder.

Da periferia ao centro (Figura 5.1), podemos distinguir as seguintes relações:

- Os reinos da política, do sagrado e do *ethos*, que se expressam como representação social.
- O círculo das categorias de mediação, o mito, o discurso, a identidade e o símbolo, que permitem a visibilidade e as nuanças das categorias centrais.
- O círculo das categorias centrais, o poder, o fenômeno religioso e a prática social, cujo movimento de interação deriva do conceito de espaço de representação.

Figura 5.1 – O espaço de representação

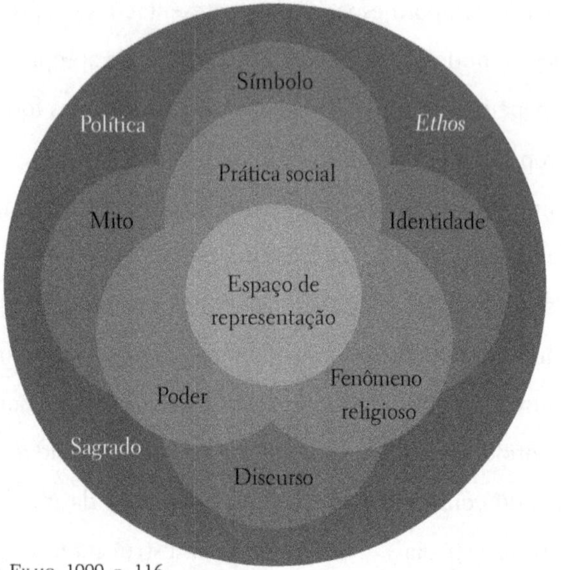

Fonte: Gil Filho, 1999, p. 116.

Subjacente a essa dinâmica central está a articulação periférica de quatro aspectos importantes:

1. O discurso religioso e o discurso político, bem como sua eficácia simbólica constituída na apreensão da institucionalidade consagrada dos atos de enunciação.
2. O símbolo como expressão da inteligibilidade do sagrado e do profano, por meio do cotidiano, dos gestos rituais e dos objetos sagrados.
3. Os mitos como objetivações passíveis de explicação do mundo social.
4. A identidade como construção sociocultural relacionada à intersubjetividade do conhecimento, constituindo as representações.

No que se refere à segunda questão (apresentada na página 91), tentamos ir além da ideia de que as instituições religiosas atuam no real social de um modo dissimulado, que escapa ao entendimento dos atores sociais.

A instituição religiosa é a expressão concreta, consagrada da religião, diferente da religiosidade, que é a **condição humana de ser religioso**. A ação institucional da religião é o poder exercido, consciente e intencional, diante da sociedade. Essa é a ideia-chave da ação autorizada e legitimada da religião. A distinção verificável reside na busca do monopólio das coisas sagradas e do espaço sagrado, sendo uma ação de poder que se manifesta em uma territorialidade do espaço sagrado.

5.3
Territorialidade do sagrado

A APREENSÃO DA TERRITORIALIDADE COMO categoria destacada da análise da religião encerra a possibilidade de uma conexão pertinente entre as estruturas dos sistemas simbólicos e as estruturas do sistema territorial. Cabe ressaltar que a territorialidade por nós apontada é o atributo do sistema territorial e, em outras palavras, o território é o **objeto** (restrição do espaço), o sistema territorial é a **lógica** desse conjunto estrutural e a territorialidade é o **atributo** de determinado fato social no qual o poder é imanente. A territorialidade do sagrado seria, então, como podemos observar na Figura 5.2, a ideia da ação institucional de apropriação simbólica de determinado espaço sagrado, sendo sua materialidade o próprio território sagrado institucionalizado.

Figura 5.2 – A territorialidade do sagrado

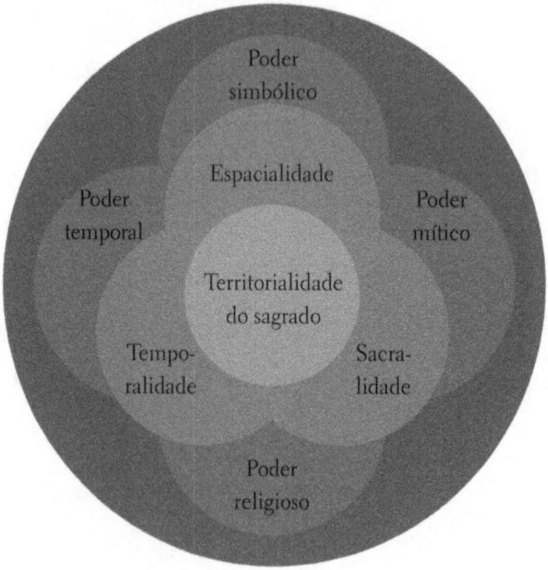

Fonte: Gil Filho, 1999, p. 117.

A territorialidade do sagrado pressupõe três qualitativos principais:

1. Uma sacralidade ou a condição de ser sagrado, que, por isso, possibilita a exerção de um poder legitimado por uma condição transcendente ou a repetição de gestos arquetípicos (no sentido de uma origem imemorial) consagrados pelo mito, o que denominamos de *poder religioso* e *poder mítico*.
2. Uma temporalidade, que seria o contexto do período da gestão política por parte dos atores sociais devidamente consagrados, imbuídos, assim, de um poder temporal.
3. Uma espacialidade, cuja territorialidade do sagrado objetiva-se como restrição e limite de um poder simbólico.

A territorialidade do sagrado, em uma primeira instância, seria a percepção das limitações imperativas do controle e da gestão de determinado espaço sagrado por parte de uma instituição religiosa.

Em uma segunda instância de compreensão, a territorialidade do sagrado não reside apenas na percepção imediata da materialidade e da abrangência do controle e da gestão do espaço sagrado, mas vai além dessas, em uma imbricação de relações de poder em torno do sagrado. As relações de poder são, em última análise, os laços de coesão que estruturam a territorialidade do sagrado e objetivam o território sagrado.

Portanto, a territorialidade do sagrado remete a um qualitativo exercido pelos sujeitos cuja autoridade é atribuída ao transcendente, sendo essa expressão a razão de ser dos atributos absolutos transferidos ao clero especializado, ungidos pela instituição. Essa característica é patente nas religiões tradicionais que possuem uma hierarquia clerical definida.

Como fruto de relações de poder, a territorialidade do sagrado torna-se uma expressão de determinada trama histórica, condição que justifica sua operacionalidade, como categoria teórica, na análise da religião institucionalizada. Cabe lembrar que as territorialidades das religiões participam de uma mesma função estruturante da cultura muito embora suas expressões sejam diversas. No contexto da discussão teórica da geografia da religião, a territorialidade da religião pode ser vista como forma simbólica do mundo do poder dentro de uma dialética da sua unicidade de propósito de caráter funcional e da sua diversidade nas expressões e representações do poder.

Com base na filosofia de Cassirer, muito embora existam diferentes línguas particulares, a forma simbólica da linguagem articula universalmente o mundo das representações ao plasmar o real; a religião possui diferentes manifestações enquanto uma expressão concreta da consciência religiosa.

Seis

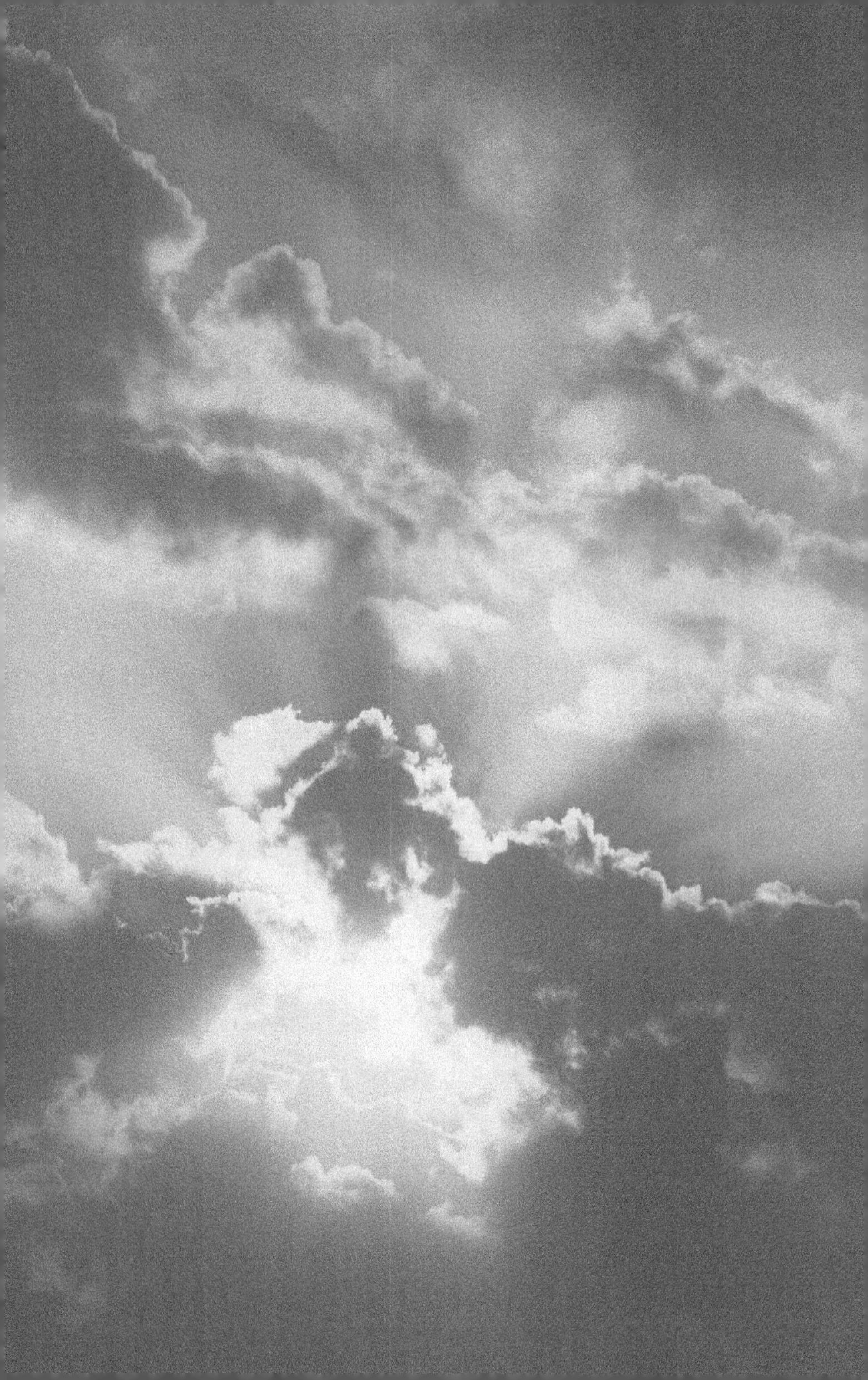

Estruturas das territorialidades religiosas: cristianismo católico, islã SHI'I e fé BAHÁ'Í*

O espaço urbano contemporâneo, sob o aspecto da articulação de territorialidades religiosas, caracteriza-se por uma maior densidade de espaços de representação de instituições religiosas, expressas na paisagem pelo templo, pelo santuário e por estruturas de gestão e ação social das religiões. O **templo** representa o marco do espaço construído e de significação simbólica da presença do sagrado, o qual representa a separação e o caráter de inviolabilidade. Ante o sagrado como representação, o homem religioso exercita os ditames da fé e o clero exerce o poder da investidura sacra. A fim de garantir o caráter sacro, fonte do poder simbólico, as religiões normatizam a manipulação e o acesso aos espaços sagrados.

6.1
Lugares sagrados

Como no judaísmo, o sagrado se relaciona ao culto de Javé e sua presença na lei, ligado ao lugar de permanência simbólica do templo em Jerusalém. No islã, o sagrado se relaciona aos locais consagrados pela presença divina e suas manifestações por intermédio do profeta Muhammad, como a Ka'ba em Makká (Meca) ou a circunscrição territorial de Medina, na Arábia Saudita; a mesquita de Al-Aqsa, em Jerusalém, e a tumba de Abraão em Hebron, na Palestina.

---

* A apresentação e os itens 6.1 e 6.2 foram adaptados de Gil Filho (2006).

Na fé *bahá'í*, as encostas do Monte Carmelo, em Haifa, com a presença dos jardins suspensos em patamares até o Santuário do Báb, e Bahjí, nos arredores de Akká, onde se encontra o túmulo de Bahá'u'lláh, são lugares sagrados por excelência. No cristianismo católico, o sentimento do sagrado é expresso no simbolismo da "encarnação divina de Jesus Cristo" e em seu ato sacrificial, representados no sacramento da comunhão. A Igreja, como local de encontro, reserva a ideia de **reunião** e **memória**. Os santuários são expressões da peregrinação popular que buscam uma junção com o sagrado também por meio da manifestação de fenômenos sobrenaturais, os chamados *milagres*, que podem ser reconhecidos institucionalmente e/ou popularmente.

6.2
Estruturas da territorialidade católica

Igreja é um termo ambivalente, pois, ao mesmo tempo em que sua raiz linguística, do latim *ecclesia*, significa "o lugar de assembleia", também representa a comunidade reunida. Essas duas conotações revelam uma dinâmica interessante para o estudo da Igreja como **lugar** e **comunidade**. Na lembrança de Tuan[72], o espaço é indiferenciado e mais abstrato, pois, quando o conhecemos melhor e o dotamos de valor afetivo, torna-se **lugar**. Numa segunda correlação, há a ideia de que, quando tornamos algo não familiar em algo familiar, o fazemos como **representação social**, ou seja, quando dotamos um espaço de familiaridade e sentido, o transformamos em **lugar**.

A Igreja é, então, tanto lugar sagrado quanto de **identidade social**. Enquanto lugar, remete à materialidade do sagrado e, como identidade social, ao conteúdo *per si*. Tanto materialidade como conteúdo são amalgamados pelas relações de poder e, nesse caso, a Igreja, como ser institucional, apropria-se tanto do lugar quanto dos seus atores sociais. Em uma primeira instância, ela transforma o lugar em **território**. Em segunda instância, submete os atores sociais à hierarquia de **clero** e **leigos**, com pertença religiosa definida.

Assim, a Igreja, como materialidade simbólica, é a realização de um ato de impregnar de significados o espaço de forma monumental. Sob essa ótica, o edifício da Igreja é o eixo simbólico que congrega o espaço construído, os atores sociais e a atuação destes na hierarquia institucional. Nesse sentido, é uma propriedade desse espaço monumental a imbricação de três valores solidários, conforme indicou Grabar[39]:

- O **espiritual**, que congrega os significados místicos e éticos atávicos da religião, que, simbolicamente, se refletem em forma, imagem e prática social.
- O **cultural**, que emerge das práticas sociais e dos costumes em torno desse espaço, conferindo o seu caráter de representação; remete à consciência do seu passado e à situação regional.
- O **estético**, que é a forma de expressão e a imagem inspirada em valores religiosos e que possuem uma diversidade devido ao contexto histórico do lugar.

Definido o ponto focal da Igreja enquanto lugar, há a necessidade de discutir o seu **âmbito** ou **campo de ação**, que é uma dimensão do espaço de representação e é limitado pela escala. Portanto, revela a dimensão de atração simbólica que a Igreja exerce. Essa estrutura se cristaliza na prática religiosa comunitária e em uma base territorial reconhecida.

As estruturas da territorialidade católica correspondem ao palco da ação institucional, da gestão e da apropriação do sagrado no que tange à sociedade como um todo. Convém asseverar que essas estruturas, muito embora se cristalizem na materialidade social, em sua dinâmica, são produtos da própria história do caráter missionário da Igreja. Sendo assim, esse produto perceptível reveste-se de atributos próprios da sacralidade, ao mesmo tempo em que os territorializa.

Duas categorias de estruturas da territorialidade católica são discerníveis:
- As estruturas da territorialidade de **base**, caracterizadas pela interação social entre a população e a Igreja por intermédio do clero.
- As estruturas da territorialidade católica **derivadas**, representadas por estruturas de hierarquia e/ou escala atinentes à macroestrutura administrativa da Igreja.

Podemos caracterizar quatro estruturas de base da territorialidade católica correspondendo à primeira categoria:

1. As **paróquias**, que são as principais estruturas da organização pastoral. Elas possuem uma dimensão social e correspondem à materialidade da ação evangelizadora e também à territorialidade materializada e legitimada pela ação do poder institucional sob forma de território. É nas paróquias que reside a dinâmica social da Igreja e seu propósito final, ou seja, elas são a **escala local**, na qual todas as realidades da ação institucional católica, veiculadas pelo discurso, encontram sua realização. Não queremos afirmar com isso que o discurso hierarquizado do clero reveste-se de verdade para todos os membros da comunidade, mas que a materialidade se expressa **localmente**. É nas paróquias que o discurso católico institucional torna-se reconhecível e pleno de significados.

2. Em segundo lugar, sob o ponto de vista da Igreja, a **escola** como

palco da formação evangelizadora corresponde a uma estrutura básica da identidade católica, sendo aparelho de difusão evangelizadora da Igreja.

3. Em terceiro lugar, os **hospitais** e as **instituições beneficentes** correspondem à ação social da Igreja, à legitimação do discurso da caridade e à construção da representação social da Igreja.

4. A quarta estrutura, não menos importante, é representada pelas **hierofanias católicas institucionalizadas**. A institucionalização dos lugares sagrados e de peregrinação reconhecidos pela religiosidade popular é uma característica peculiar da territorialidade católica.

As estruturas derivadas representam escalas de hierarquia em gestão político-administrativa e formação do clero, a saber:

- As **dioceses**, que correspondem a circunscrições eclesiásticas sob jurisdição de um bispo. Essa entidade territorial sob autoridade episcopal é, de formação, uma prerrogativa papal desde o século XVIII. A autoridade do bispo designado muitas vezes é reservada a determinadas classes de residentes do território. Caso a autoridade esteja sob o mando de um arcebispo, a circunscrição eclesiástica passa a ser denominada **arquidiocese**, que representa mais propriamente uma classe de circunscrição eclesiástica. Entretanto, o poder do arcebispo é distintivo, visto que, geralmente, várias dioceses podem estar sob o mando de um arcebispo metropolitano. Além dessas, são consideradas circunscrições eclesiásticas de menor frequência territorial: prelazias, abadias territoriais, ordinariato militar, eparquias e exarcados para ritos orientais.

- A **província eclesiástica**, por sua vez, refere-se a uma articulação de dioceses vizinhas sob direção de um metropolita. Este, de acordo com o Código de Direito Canônico (CNBB, 2000)*, "é o Arcebispo da diocese que governa; esse ofício está anexo à Sé episcopal determinada ou aprovada pelo Romano Pontífice". Muito embora seja uma instância territorial específica, na prática o metropolita tem um papel suplementar. Sob o ponto de vista do *Codex Iuris Canonici*, promulgado em 1983, ele não pode intervir diretamente nas dioceses subordinadas, a não ser em casos muito específicos. O código prevê que cada diocese e outras igrejas particulares existentes dentro do território de alguma província eclesiástica sejam adscritas a essa província eclesiástica.

- A **Conferência do Episcopado Nacional e Continental** corresponde a uma instituição eclesial que reúne os bispos que exercem um ministério pastoral no país ou no continente. Esse nível de gestão nacional ou continental caracteriza-se por uma estrutura de territorialidade derivada, que, no caso brasileiro, tem tido cada vez mais um papel político destacado.
- Os **institutos teológicos, os seminários e as casas de formação do clero religioso e secular** correspondem às estruturas de formação do clero e também ao *locus* do desenvolvimento do pensamento religioso formal.

Cada uma dessas estruturas representa diferentes aspectos do decorrer das três últimas décadas. A territorialidade católica se constitui na articulação das estruturas de base com as estruturas derivadas e sua

---

* Para ler na íntegra o Código de Direito Canônico de 1983, acesse: <http://www.vatican.va/archive/cdc/index_po.htm>.

colagem no cotidiano da sociedade e pela ação de um clero especializado, detentor da legitimidade e do exercício do poder da Igreja.

Cabe lembrar que as estruturas de poder da Igreja apresentam um mundo particular dentro do próprio mundo, no qual se desencadeia um consenso normativo do sagrado, elaborado e reelaborado pelos especialistas da religião. Esse consenso do símbolo e do rito, que são expressões de uma identidade coletiva, pouco a pouco cede lugar à dinâmica do discurso religioso interpretado por uma semântica do sagrado.

De acordo com o Código de Direito Canônico (CNBB, 2000), a disposição hierárquica das estruturas da territorialidade católica revelam uma lógica assentada principalmente na estrutura derivada da diocese, na qual o bispo exerce seu legado.

A identidade católica no Brasil, na segunda metade do século XX, embora possua raízes profundas na história do país, revela uma relativização ligada à diversidade de práticas religiosas e à intensificação do fenômeno de novos sincretismos religiosos. O número de pessoas de origem católica que mudam sua relação de pertença tem crescido principalmente nas realidades urbanas. Entretanto, a mobilidade religiosa permanece significativa no âmbito do cristianismo, na direção da Igreja Católica para outras igrejas cristãs, como pode ser visto no gráfico que segue. No espectro das igrejas cristãs, a mobilidade é significativa devido à intensa fragmentação de denominações cristãs.

Gráfico 6.1 – Proporção da pertença religiosa no Brasil (1940-2010)

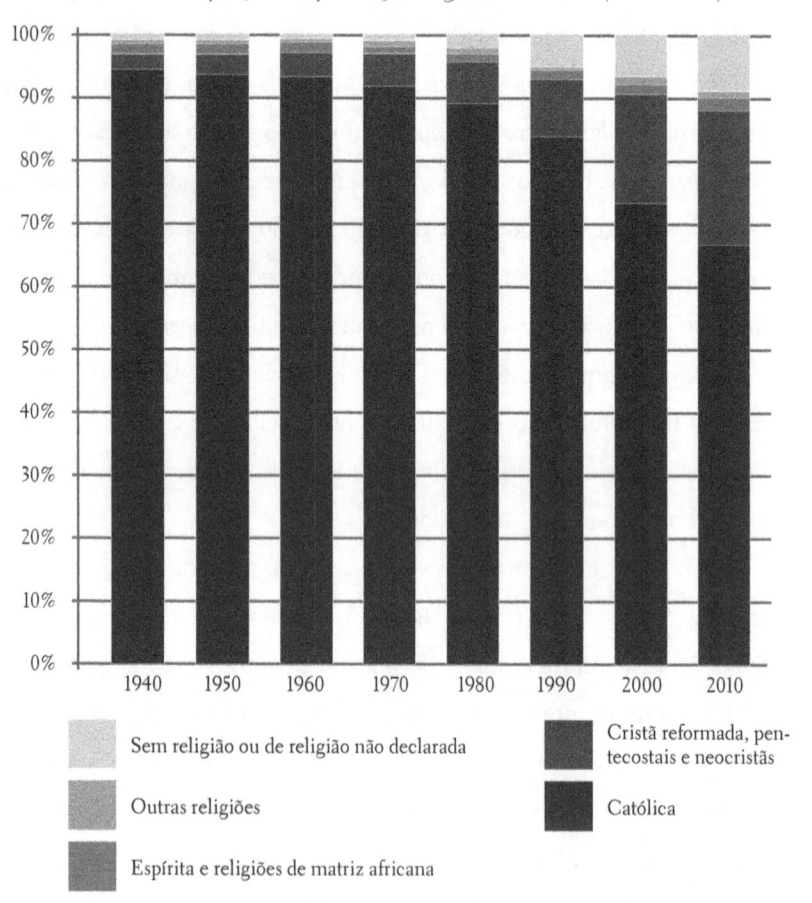

[Gráfico de barras empilhadas mostrando a proporção da pertença religiosa no Brasil de 1940 a 2010, com as categorias: Sem religião ou de religião não declarada; Outras religiões; Espírita e religiões de matriz africana; Cristã reformada, pentecostais e neocristãs; Católica.]

Fonte: IBGE – Instituto Brasileiro de Geografia e Estatística. **Censo demográfico 2010**: características gerais da população, religião e pessoas com deficiência. Rio de Janeiro, 2012.

Lembrando os pressupostos conceituais sobre identidade religiosa, não é considerada uma ruptura significativa da territorialidade católica a **migração** de seus seguidores para outras igrejas cristãs não católicas. A base de sustentação simbólica das outras igrejas cristãs é a própria Igreja Católica, em acordo ou desacordo. Há, por assim dizer, uma dialética entre a territorialidade católica e as territorialidades de outras igrejas cristãs. Essa relação histórica proporciona a estruturação de várias territorialidades sobrepostas.

6.3
Estruturas da territorialidade SHI'I*

As fontes de pesquisa sobre o islã *shi'i* emergem de dois discursos diferentes. O primeiro deles é elaborado a partir da tradição religiosa e remonta às narrativas preservadas pelos próprios *shi'is*, as quais legitimam as doutrinas do *shi'ismo*. Estas, na maior parte, são de caráter **apologético**. O outro discurso é produzido pelos especialistas da religião, principalmente sob o ponto de vista histórico-crítico da moderna historiografia.

É com base na narrativa tradicional que o espaço sagrado *shi' i* se configura como tal, pois a estrutura de crença ali justificada realiza a permanência do sagrado no universo específico *shi'i*, desde a *Ka'ba* de Makká, as tumbas dos imames Hasan-ibn-'Ali, 'Alí-ibn-Husayn, Muhammad--Báqir e Ja'far-i-Sádiq no cemitério sagrado de Janat'ul Baqi, na cidade de Medina, a mesquita de Al-'Aqsá ao sul do Haram al-Sharif (Santuário Nobre), na Jerusalém Oriental antiga, aos santuários erigidos a partir da continuidade do *Imanato*, no Iraque e no Irã.

Justamente a doutrina do Imanato, em especial a escola *shi'i* dos duodecimanos, apresenta os doze Imames como sucessores do profeta Muhammad, escolhidos divinamente e com o poder de interpretar o Alcorão e os Akhbár. Os *shi'is* se distinguem dos *sunnis* pela maneira como a sucessão do profeta se apresenta para a comunidade.

---

* Texto adaptado de Gil Filho (2007a).

No sunnismo, a sucessão é feita pelo califado exercido essencialmente por líderes político-religiosos escolhidos pelo consenso da comunidade. Todavia, entre os *shi'is* a liderança não possui esse caráter temporal, mas baseia-se na crença da indicação de Muhammad ao seu genro 'Ali como imame durante a sua vida. Desse modo, a autoridade do imame está diretamente relacionada com a designação do seu predecessor para essa posição espiritual distinta, considerada como sinal divino na Terra e com atributo de infabilidade. Para os *shi'is*, as funções de guia, preservação e interpretação da lei continuaram após o passamento de Muhammad pela linha sucessória dos imames.

Os santuários dos imames apresentam-se como estruturas da territorialidade *shi'i*. Os relatos tradicionais sobre a história dos imames estabelecem a sacralidade das cidades e locais onde a memória e permanência dos imames são celebradas. Em especial as cidades em que se encontram os santuários reconhecidos dos imames em Najaf, Karbala, Kazimayn, Samarra e Mashhad que se localizam além da Península Arábica e marcam as representações hegemônicas dos *shi'is* no sul do Iraque e no Irã.

Segundo Yitzhak Nakash[61], a visitação aos santuários dos imames somente é recomendada para os *shi'is*, pois a peregrinação (*hajj*) a Makká é a única obrigatória para todos os muçulmanos sob a lei da ortodoxia islâmica. No calendário *shi'i*, além do *hajj*, outras datas são reservadas para a visitação dos santuários, em especial de Najaf, Karbala, Kazimayn e Samarra no Iraque.

No Irã, a visitação ao santuário do imame Ridá em Mashhad e ao santuário de Fátima Ma'súma (irmã do imame Ridá) na cidade de Qumn merecem destaque.

Karbala e o santuário de Husayn-ibn-'Ali são um marco da espacialidade das representações do sagrado devido à memória do evento relativo ao martírio do imame em 680. De certa forma, esse marco expressa, o conflito que está na base da divisão entre *sunnis* e *shi'is* e reforça a identidade já desenvolvida principalmente no período da história islâmica, marcada pelo estabelecimento dos safavidas no Irã (séculos XVI ao XVIII) e pelo controle dos otomanos (século XIX). O encorajamento à visitação do santuário de *Karbala* chegou a rivalizar a peregrinação à Makká.

A rede de visitação aos santuários *shi'is*, conhecida como *Ziyárat*, sob o imaginário do seguidor comum, prevalece ao *hajj* para Makká. Trata-se de uma prática religiosa de suma importância no universo *shi'i*. Tradicionalmente, no século XIX o peregrino que fosse aos santuários distantes relativos ao seu ponto de origem, como por exemplo, *Mashhad*, ostentava o título de *zá'ir* (visitante), semelhante ao título de *hájjí* dos peregrinos de Makká. O fator **distância** estava ligado ao grau de sacrifício para se fazer a peregrinação e a recompensa espiritual dessa ação.

Existe uma segunda escala de visitação relativa aos santuários dos descendentes dos imames, que revela uma prática bastante popular de culto. Esses santuários, conhecidos como *imamzadas*, são extremamente numerosos, especialmente no Irã. Vários locais de visitação próximos a Qumm, Tehran, Kashan e Mazandaran são remanescentes do início da história do *shi'ismo* e das perseguições sofridas pelos adeptos.

As representações de poder dos *ulamá* se configuram como base institucional da territorialidade *shi'i* com três estruturas estruturantes das formas de poder no islã *shi'i*:

1. Inicialmente, está a estrutura do imanato já expressa nas relações

estabelecidas entre a religiosidade popular e as práticas de visitação de locais sagrados associados às redes de santuários, existentes principalmente no Iraque e no Irã.

2. Em segundo lugar, embora não tratada especialmente neste livro, está a estrutura associada às práticas místicas dos *sufis*, que se configuram como ordens religiosas em vários territórios islâmicos, com representações tanto *sunnis* como *shi'is*.

3. Finalmente, há a estrutura da hierarquia religiosa *shi'i*, baseada nas práticas das classes clericais que exercem o poder religioso, em especial os contornos da jurisprudência *shi'i* a partir do discurso legalista dos *ulamá*. Nesse sentido, os *ulamá* estão em um grau além da concepção ocidental de clérigo, pois são também juristas que exercem o poder religioso a partir do conhecimento do Alcorão e da memorização do *Akhbár*. As *madrasas* (escolas religiosas) são locais onde acontece a formação desses líderes e que catalisam suas práticas, correspondendo a centros de irradiação da territorialidade *ulamá*.

A peculiaridade do islã *shi'i* é que, diferentemente do *sunni*, não há uma integração da prática política com a comunidade sagrada, visto que essa comunidade consiste nos crentes sob a guia e a orientação do *ulamá*. Para Momen[55], os assuntos políticos, econômicos e administrativos da tradição *shi'i* não concernem a *sharí'a* e não estariam sob o controle do *ulamá*, portanto são algo fora da comunidade sagrada.

Desse modo, a integração político-religiosa percebida no mundo *sunni* não é reproduzida no mundo *shi'i*. Nesse contexto, os crentes vivenciam duas estruturas ao mesmo tempo: De um lado, a **comunidade sagrada** e, de outro, a **secular**. Sob o ponto de vista das relações de poder, reconhecemos duas territorialidades conflitantes, devido à disputa entre os *ulamá* e os líderes políticos que apresentam diferentes relações com o Estado.

Então, as formas de relação estabelecidas entre os *ulamá* e o Estado partem de uma legitimação da autoridade calcada no pensamento religioso relativo à crença da ocultação do 12º imame. Na tradição *shi'i*, o imame era investido de funções espirituais e políticas necessárias na organização e na guia da comunidade, as quais, durante o período de sua ausência, ficaram em aberto. Com a estruturação de um Estado *shi'i*, a teoria da ocultação passou a ter uma implicação política, pois, se no início do *shi'ismo* não havia justificação teológica para que as funções do imame fossem exercidas, nos séculos posteriores passou a haver a necessidade de que o rei assumisse esse papel e exercesse algumas funções do imame oculto. Desse modo, os *ulamá* questionaram a legitimidade religiosa de um líder temporal exercer as funções do imame oculto e, assim, as reivindicaram.

A legitimação da concentração das funções do imame oculto nas mãos dos *ulamá* marcou a concentração do poder religioso e temporal, configurando uma nova teocracia moderna. A base de sustentação dessa nova territorialidade dos *ulamá* reside no monopólio do controle das funções religiosas, provindas da apropriação discursiva de interpretação do *Alcorão* e dos *Akhbár*.

As práticas rituais cotidianas são observâncias intimamente relacionadas à ligação do devoto *shi'i* com a divindade, durante toda a sua vida. O *shi'i*, ao cumprir ou não as prescrições necessárias, realiza um balanço de sua vida religiosa, o qual será decisivo no julgamento da alma após a morte. Caso a conta das ações seja suficientemente positiva, o destino é o céu, caso contrário, o inferno. A alma pode ser purificada no *barzakh* (semelhante ao purgatório) e, eventualmente, atingir o céu. Evidentemente, o parâmetro do ideal está na *sunna* (expressa a partir das tradições islâmicas) e condiz com a vontade do profeta Muhammad e dos imames.

As observâncias rituais são estruturadas no cotidiano, basicamente a partir da prescrição das orações obrigatórias diárias, da oração especial da sexta-feira e do mês do jejum, conhecido como *ramadã*. Outras obrigações também são importantes, como a visitação ao santuário sagrado, em que há a rememoração dos sofrimentos dos imames e a prática da caridade.

A estrutura de controle social das ações religiosas é estreita, em que o desempenho individual é medido tanto nas ações meritórias como na omissão ou no desrespeito às proibições prescritas. Desse modo, o crente *shi'i* está submetido a um sistema no qual o mérito religioso de suas práticas é julgado não pela essência de sua crença, mas pelo desempenho ritual de sua prática. Essa situação resulta numa práxis do homem religioso, relacionada à ambivalência da anuência a uma lei religiosa e à observância da prática ritual. Essa dualidade é mediada pelo *ulamá*, que detém o capital simbólico da complexidade ritual e o discurso do que é permissível.

Outra representação do sagrado peculiar entre os *shi'is* são os denominados *sayyids*, que se referem ao reconhecimento de uma linhagem percebida pelo crente comum como santificada, a partir da descendência do profeta Muhammad, desde o matrimônio do imame 'Ali e da filha do profeta, Fátima, e seus de filhos Hasan e Husayn (a família sagrada). Geralmente, é visto como uma benção e honra o casamento com um *sayyid*. Vale ressaltar que a família sagrada é a imagem ideal da família *shi'i*. Associada ao imame 'Alí, há a representação de austeridade da lei, o conhecimento e a capacidade de revelar aspectos ocultos da religião, ao passo que Fátima é a imagem de mãe perfeita. O imame Husayn representa, pelo seu martírio em Karbala, a possibilidade efetiva soteriológica, que é o cerne da esperança do triunfo sobre a tirania e injustiça de caráter escatológico. O símbolo do sacrifício exerce fascínio popular, influencia a visão de mundo e ocupa de modo decisivo o imaginário religioso dos *shi'is*.

As representações do sagrado, relativas ao imame Husayn, são parte da identidade *shi'i*, que se apresenta como uma ruptura simbólica significativa em relação aos *sunnis*, com reminiscências do passado de uma comunidade minoritária e perseguida à projeção de triunfo e redenção escatológica. Essas duas características das crenças populares *shi'is* revelam práticas de zelo da identidade religiosa, cuja manutenção está sob controle ideológico dos *ulamá*.

6.4
ESTRUTURAS DA TERRITORIALIDADE *BAHÁ'Í**

ENTRE AS PRÁTICAS DA TERRITORALIDADE religiosa, a peregrinação a lugares sagrados é recorrente em muitas tradições religiosas. Esses lugares são numerosos e representam pontos de atração para milhões de pessoas em todo o mundo. Podem ter características diferenciadas, dependendo da escala de abrangência que vai do local e regional ao global e estão intimamente relacionados com o caráter cultural e histórico das religiões às quais se referem. As escalas de abrangência formam redes e hierarquias no plano de cada cultura religiosa.

* Texto adaptado de GIL FILHO (2008).

A peregrinação é um movimento de população e bens simbólicos realizados a partir dos ditames das práticas religiosas em referência a lugares sagrados. O ato de **peregrinar** representa uma ruptura do cotidiano profano do homem religioso com o propósito de integrá-lo ao devir sagrado. Nesse processo, o homem religioso revela a busca de suas referências religiosas.

As cidades sagradas são espaços das hierofanias, palco de experiências religiosas. Fundamentalmente, as coisas ditas sagradas são simbolicamente diferenciadas em relação às demais coisas do mundo. A esse respeito, Cassirer[16] parte do pressuposto de que o homem é mais que um ser cultural, ele é **simbólico**. Desse modo, o homem produz símbolos, e estes o caracterizam como superação da vida biológica. Tal processo conscientiza o homem de que ele não somente vive em um universo físico, mas sobretudo em um universo simbólico. Sendo assim, a religião é parte desse universo pleno de significados que faz parte indissociável da experiência humana. As cidades sagradas tornam-se, então, a materialização dessas práticas simbólicas mediadas pelo sagrado em um sistema de formas religiosas.

Para melhor contextualizar a base da qual emerge a territorialidade *bahá'í*, podemos caracterizar essa fé como a religião fundada por Mírzá Husayn 'Ali Nurí (1817-1892), conhecido como **Bahá'u'lláh**, "A Glória de Deus", nascido no contexto islâmico do Irã de meados do século XIX. Etimologicamente, a palavra *bahá'í* deriva do árabe *bahá* ("glória" ou "esplendor") e refere-se ao seguidor de Bahá'u'lláh. Sob o ponto de vista histórico e religioso, a fé *bahá'í* está diretamente relacionada com a fé bábí, fundada em 1844, na Pérsia, por Sayyid 'Ali--Muhammad (1819-1850), conhecido como o Báb ("O Portal"). O Báb se apresentou como fundador de uma religião e, além disso, o precursor de uma nova e ainda maior manifestação divina, cuja missão consistia em estabelecer uma era de paz para todos. No ano de 1863, Bahá'u'lláh declarou publicamente que Ele era Aquele que o Báb havia anunciado como a realização escatológica das religiões do passado.

Devido à oposição do governo da época, Bahá'u'lláh foi exilado do Irã para outras localidades pertencentes ao império turco-otomano. No ano de 1868, foi aprisionado na cidade de 'Akká*, no atual Israel, onde faleceu em 1892. Em "Sua Vontade e Testamento", apontou seu filho mais velho, 'Abdu'l-Bahá† (1844-1921), para sucedê-lo na liderança da comunidade *bahá'í* e como único intérprete das **Escrituras Sagradas *Bahá'ís***.

As representações *bahá'ís* do sagrado que definem a sua territorialidade estão relacionadas diretamente aos textos sagrados *bahá'ís* e à história das figuras centrais‡ da fé *bahá'í*. Assim, a análise do discurso religioso *bahá'í* e a conexão com o discurso fundador dessa religião, no século XIX, no Oriente, estabelecem um sentido específico do sagrado. Esses significados estão refletidos nas motivações que determinam como sagrados os lugares das hierofanias *bahá'ís*.

Desse modo, os locais nos quais as figuras centrais da fé *bahá'í* viveram são potencialmente sagrados para os *bahá'ís*, todavia, alguns se tornam lugares de sacralidade legitimada pelas Escrituras Sagradas *Bahá'ís*, cuja menção estabelece uma proeminência de locais e eventos que os associam a focos de peregrinação.

Segundo o Kitáb-i-Aqdas[6], o Livro das Leis da fé *bahá'í*: "Deus ordenou

---

* Também conhecida pelas transliterações como 'Akko ou Acre.
† Título de 'Abbás Effendi, que significa "O Servo da Glória".
‡ Referência específica a Bahá'u'lláh, O Báb, e 'Abdu'l-Bahá conjuntamente.

a peregrinação à Casa Sagrada àqueles de vós que puderem realizá-la" (k32). Em outro trecho, está especificado o seguinte: "É uma obrigação peregrinar a uma das duas Casas Sagradas; mas cabe ao peregrino decidir a qual delas" (pergunta 25). As Casas Sagradas são especificadas como referentes "tanto à Casa Excelsa em Bagdá quanto à Casa do Ponto Primordial em Shíráz; a peregrinação a qualquer uma dessas Casas é suficiente" (pergunta 29).

Os eventos hierofânicos que marcaram Shíráz (no Sul do atual Irã; a casa do Báb foi destruída na Revolução Islâmica de 1979) e Bagdá (capital do atual Iraque; a casa de Bahá'u'lláh também não está mais acessível) como lugares de peregrinação *bahá'í* são respectivamente: em 1844, a declaração do Báb como o esperado *Qa'im* do islã *shi'i* a seu primeiro discípulo, e a declaração de Bahá'u'lláh, em 1863, como o Aquele anunciado pelo Báb e pelas religiões anteriores correspondendo a uma nova teofania.

Segundo Ruhe[67], a prática das peregrinações iniciou-se após a proclamação formal de Bahá'u'lláh em Adrianópolis*, no ano de 1867, em consequência da revelação das espístolas que especificavam as casas de Bagdá e Shíráz como lugares de peregrinação. Como, a partir de 1868, Bahá'u'lláh encontrava-se prisioneiro do império turco-otomano na cidade fortaleza de 'Akká, os peregrinos buscavam a sua presença. A quantidade de peregrinos do Oriente que chegavam a 'Akká em meados do século XIX, nas condições mais difíceis, logo despertaram oposição e restrições das autoridades turcas instigadas pelo governo da Pérsia, que havia, nos anos anteriores, providenciado o exílio do fundador da fé *bahá'í* e de sua família.

* Cidade na região europeia do império turco-otomano. Atual Edirne, na Turquia.

No anos posteriores a 1892, "depois do passamento de Bahá'u'lláh, 'Abdu'l-Bahá designou o santuário de Bahá'u'lláh, em Bahjí (além dos muros de 'Akká) como um local de peregrinação" (n. 54)[6]. Nesse contexto, é importante mencionar que o santuário de Bahjí próximo às muralhas de 'Akká antiga (localizada no norte de Israel) é o local onde se encontra a tumba de Bahá'u'lláh. Esse santuário passou a ser um centro de peregrinação *bahá'í*.

Ao sul de 'Akká, localiza-se a cidade de Haifa, que, no século XIX, teve um crescimento econômico expressivo em contraste com 'Akká. Nas décadas de 1860 e 1870, algumas comunidades religiosas haviam se estabelecido nas proximidades e no Monte Carmelo. A comunidade cristã de *Württemberg*, conhecida como "a sociedade do templo", estabeleceu-se nas proximidades do extremo oeste, na base da montanha. A Ordem Carmelita Católica Romana construiu uma estrutura próxima à cova do profeta Elias, na meseta, parte superior da montanha na face norte. No ano de 1891, Bahá'u'lláh subiu a montanha e indicou a seu filho 'Abdu'l-Bahá o local para a construção do mausoléu no qual ficariam os restos mortais do Báb*.

A partir de 1909, com a inumação dos restos mortais do Báb, o Santuário do Báb no Monte Carmelo, em Haifa, passou a ser uma hierofania *bahá'í* de importância ímpar, somente superada pelo Santuário de Bahjí em 'Akká. Segundo Shoghi Effendi[69], em sua obra *God Passes By*:

> *Nessa montanha, considerada sagrada, desde tempos imemoriais, fora permanentemente estabelecido um centro focal de iluminação e poder*

---

* O Báb, em 1850, foi executado pelo governo persa na cidade de Tabríz, no norte daquele país.

divinos, cujo próprio pó, declarou 'Abdu'l-Bahá, Lhe havia inspirado, e que não era inferior em santidade a nenhum outro santuário em todo o mundo bahá'í, com exceção do Sepulcro do próprio autor da Revelação Bahá'í. (p. 277)

O Santuário de Bahá'u'lláh em Bahjí, 'Akká, ilustrado na Figura 6.1, demonstra o trabalho decisivo de Shoghi Effendi na restauração das estruturas, na aquisição dos terrenos do entorno e na concepção dos jardins que rodeiam o sepulcro do profeta, que foi concluído em 1950. Os extensos jardins que fazem a transição dos espaços externos para as estruturas do santuário e da mansão de Bahjí, onde Bahá'u'lláh viveu seus últimos anos, configuram a transição do mundo exterior para o mundo sagrado que os peregrinos experenciam.

Os caminhos através dos jardins formam raios que convergem ao santuário, com vários detalhes, a partir de uma estética inspirada na visita de Shoghi Effendi a Babbacombe Dows, em Torquay, na Inglaterra, quando estudava na Universidade de Oxford[64]. A centralidade do santuário e a configuração de acesso através dos espaços de transição marcam uma característica comum aos lugares sagrados *bahá'ís*, que são concebidos como um "coração espiritual", que nutre a comunidade *bahá'í*. São estruturas simbólicas materiais que visam representar os marcos espirituais expressos nos textos sagrados e a lembrança das figuras centrais da fé *bahá'í*. Nessa representação, a concepção dos santuários resguardam a **centralidade**, a **aspiração vertical** e a **ruptura com os espaços não sagrados** e **profanos** do mundo cotidiano.

Há uma sucessão da paisagem da fronteira em direção ao santuário, que se caracteriza por um semicírculo orientado na direção norte-oeste da mansão de Bahjí, cujo ponto central é o sepulcro de Bahá'u'lláh, seguido pelos jardins. O santuário exterior ao sepulcro é conhecido também como *Haram-i-Aqdas**.

Figura 6.1 – *Santuário de Bahá'u'lláh e Jardins – Bahjí, 'Akká*

O Santuário do Báb†, no Monte Carmelo, em Haifa, possui a atual superestrutura construída a partir da estrutura básica edificada após a Primeira Guerra Mundial. Sob a liderança de Shoghi Effendi, houve a ampliação do número de cômodos, já edificados por 'Abdu'l-Bahá, perfazendo simetricamente nove entradas. No início dos anos de 1940, o arquiteto Willian Sutherland Maxwell projetou a superestrutura do atual Santuário do Báb, concluída em outubro de 1953. O prédio, como é possível observar na Figura 6.2, combina estilos arquitetônicos

* Literalmente, "Recinto Sacratíssimo".
† No santuário do Báb, localiza-se também o sepulcro de 'Abdu'l-Bahá.

ocidentais e orientais, é proeminente no Monte Carmelo e tornou-se marco da paisagem da cidade de Haifa. Shoghi Effendi, do mesmo modo que foi utilizado posteriormente em Bahjí, criou os jardins ao redor do Santuário do Báb, os quais serviram de matriz para os desenvolvimentos paisagísticos posteriores, a exemplo da conclusão dos 19 patamares (abertos ao público em 2001) que compõem a montanha da base ao cume.

Figura 6.2 – Santuário do Báb – Monte Carmelo, Haifa

Corbis/Latin Stock

Também no Monte Carmelo, encontra-se o complexo administrativo da fé *bahá'í* que havia sido antecipado nos Escritos de Bahá'u'lláh. O estilo dos edifícios é clássico grego e remete ao simbolismo de sobriedade e a um estilo que transcende as épocas, como imagem de permanência. Como a administração da religião está associada às prescrições diretas de seu fundador, há uma associação entre a paisagem dos elementos sagrados, foco de peregrinação, e das estruturas propriamente administrativas. Além das estruturas citadas, próximos ao Santuário do Báb estão sepultados membros eminentes da família de Bahá'u'lláh.

O caráter eminentemente histórico das hierofanias *bahá'ís* repercute na mensagem simbólica de cada elemento da paisagem dos santuários. Centramos nossa análise na imagem para o peregrino, muito embora ele não seja o único ator social que visite os lugares sagrados *bahá'ís* em Israel. O peregrino é o homem religioso que, a partir da experiência religiosa, vivencia o ato de peregrinar em um espaço pleno de significados e rupturas qualitativas.

Outro aspecto dos lugares sagrados *bahá'ís* é a escala de atuação das práticas religiosas, que são eminentemente globais. A estimativa da população *bahá'í* no mundo, segundo o The World Factbook[73], é de 7,9 milhões de pessoas, com comunidades presentes em 218 países. A diversidade étnica e cultural da comunidade *bahá'í* mundial repercute também em uma multifacetada experiência do sagrado por parte dos peregrinos. Essa experiência é mediada pela cultura religiosa do peregrino que condiciona uma práxis do sagrado. Nesse sentido, parte da história das figuras centrais da fé *bahá'í* é rememorada pelos peregrinos à medida que eles visitam os lugares sagrados, culminando com os momentos de transcendência sempre presentes no ato de peregrinar.

Considerações finais

A CONSTRUÇÃO DESTE LIVRO PARTIU da percepção imediata das transformações do fenômeno religioso no mundo contemporâneo. O pluralismo religioso causa mudanças sensíveis no discurso religioso tradicional das religiões hegemônicas, diante das novas formas de apropriação material e simbólica na constituição das territorialidades do sagrado.

Realizamos aqui uma reflexão teórica específica, partindo de conceitos fundantes do espaço sagrado, da territorialidade do sagrado e das representações do sagrado, que, por sua vez, galvanizaram as proposições analíticas que regem esta interpretação da geografia da religião.

As religiões, circunscritas pelos limites estabelecidos pelo discurso religioso, realizam a manipulação de sua própria expressão concreta por meio da ação dos atores sociais em suas representações de poder. Os líderes religiosos tradicionais, sob o subsídio do monopólio da virtude, constituem um consenso operacional da expressão religiosa das religiões organizadas. A interação entre esse consenso e os adeptos (crentes) se dá de forma tácita, a partir de uma convenção, mantida não só no rito como também no cotidiano.

Essas relações de poder se fazem na qualidade de representação do sagrado e constituem as territorialidades religiosas. Tais aspectos são, portanto, o quadro de referência peculiar à dinâmica histórica que sustenta uma determinada teia de relações projetadas para o futuro.

A perspectiva de análise apresentada em geografia da religião foi projetada a partir de uma visão culturalista da concepção de espaço, objetivando, inicialmente, a desconstrução do conceito de espaço de representação e nas possibilidades de uma teoria das formas simbólicas, evidenciada na obra de Cassirer. Portanto, as diversas formas de apropriação do sagrado e suas interpretações foram confrontadas com a prática espacial de seus conteúdos simbólicos e reunidas pela análise das relações de poder.

Realizamos a construção de uma interpretação alternativa dos mecanismos de inserção social da religião, institucionalizada por suas representações e práticas espaciais. Desse modo, elaboramos uma trajetória metodológica possível a partir das transformações das territorialidades religiosas.

Fica patente que, considerando os limites da abordagem escolhida, a geografia da religião é atravessada pela necessidade de uma epistemologia refundadora, a qual surge como nova ruptura, na tentativa de consolidar uma explicação suficiente para a fixação do marco do pluralismo religioso, próprio da pós-modernidade e caracterizado pela implacável fragmentação das religiões. Além disso, há a necessidade de consolidar a contraposição de uma visão universal e globalitária, necessária à superação dos dilemas do mundo contemporâneo.

Caderno de exercícios

Capítulo um

Atividades de autoavaliação

1 Quanto à questão das representações sociais relacionadas ao estudo da geografia da religião, podemos considerar verdadeiro (V) ou falso (F):

( ) O homem percebe o sagrado, que é um ato de manifestação e representação. A representação é, portanto, uma forma de conhecimento.

( ) Apenas o profano é uma modalidade de existência assumida pelo homem em sua história.

( ) Jung (1964) considera o arquétipo como uma representação adquirida pela nossa consciência. Os arquétipos são atributos da psique racional com conteúdo específico, herdados do passado recente. Sob esse ponto de vista, eles são limitados ao tempo e ao espaço.

( ) A crítica que podemos formular ao uso do conceito de arquétipo na análise da religião é a de estarmos dando ao mito a configuração de uma reminiscência da psique, e não de algo tecido na trama histórica.

( ) Para Eliade (1977), os simbolismos de centro do mundo, assim como os simbolismos celestes e de fertilidade, assentam-se em um padrão arquetípico que fundamenta o conceito de repetição. O autor caracteriza o estudo das religiões como uma situação-limite, pois a análise dos símbolos, dos mitos e dos ritos demonstra os limites do homem, e não apenas a sua situação histórica.

(　) De acordo com o termo *hierofania*, a manifestação do sagrado torna qualquer coisa em outra coisa, qualquer ser em outro ser.

Agora, assinale a alternativa que apresenta a sequência correta:
- A) V, F, F, V, V, V
- B) F, F, V, V, V, V
- C) V, V, V, V, F, F
- D) V, F, F, V, V, F

2 Em relação ao poder associado ao estudo da geografia da religião, podemos afirmar que:
- A) o poder é algo natural, nasce com o indivíduo e independe de outras pessoas.
- B) *poder* e *força*, tratando-se da geografia da religião, são termos que podem ser utilizados como sinônimos um do outro.
- C) o poder repercute num comando de conteúdo específico, no qual existe a probabilidade de um grupo de pessoas obedecê-lo. Outrossim, existe uma intencionalidade no exercício do poder, a qual está ligada à noção de autoridade, ou seja, o poder deve ser reconhecido por outras pessoas ou grupos de pessoas para ser adquirido.
- D) o poder tem, como função principal, ser coercitivo e repressor.

3 Sobre representações e seu papel no tempo e no espaço da religião, podemos dizer que:
- A) na dualidade, sujeito e objeto representam o denominador comum que pode conceber toda forma de representação religiosa.

B) o crente geralmente vai em busca da religião pura e age de acordo com o que acredita.

C) a objetivação da religião em sua materialidade social busca, no conceito de representação coletiva, a fundamentação do fenômeno religioso como produto da intuição individual.

D) de acordo com Mauss (1999), normalmente os crentes conhecem a origem dos ritos e dogmas que guiam sua vida religiosa, daí a seguir determinada religião.

4 O resgate do sagrado é a tentativa de encontrar o âmago da experiência religiosa e, nesse sentido, o fenômeno religioso e a questão do sagrado estão interligados. Então, é correto afirmar que:

A) a percepção do sagrado ocorre pelo uso da razão.

B) o âmago da oposição entre o racionalismo e a religião está relacionado aos aspectos ditos racionais (passíveis de uma apreensão conceitual por meio de seus predicados) e não racionais (que escapam à primeira apreensão), sendo exclusivamente captados como sentimento religioso.

C) o conhecimento se origina, todo ele, na experiência.

D) o sagrado está manifesto apenas na percepção imediata das formas e do seu conteúdo.

5 O estudo do fenômeno religioso pode ser analisado sob quatro instâncias analíticas. Qual é a dimensão de análise que escapa à razão conceitual em sua essência e é reconhecida por seus efeitos?

A) Textos e tradições orais sagradas
B) Paisagem religiosa
C) Cultura religiosa
D) Sentimento religioso

Atividades de Aprendizagem

Questões para reflexão

1 Sigmund Freud sugeriu em sua obra *O futuro de uma ilusão*, de 1927, que a religião era uma gigantesca projeção de necessidades e desejos humanos. O que você pensa sobre isso? Analise a questão e elabore um texto relacionando as ideias de Freud à realidade que podemos observar em diferentes religiões.

2 Observe uma prática religiosa e enumere alguns tipos de representações religiosas.

Atividades aplicadas: prática

1 Reflita: De que maneira você pode relacionar as representações sociais e a questão religiosa?

2 Entreviste três pessoas que estejam ligadas a religiões diferentes e que sejam praticantes. Procure saber:
- Que atividades desenvolvem.
- Que representações utilizam dentro da ordem religiosa a que pertencem.
- Como elas sentem o sagrado e qual a importância dele em suas vidas.
- De que modo essas três pessoas "percebem" os outros, entre indivíduos que frequentam essa mesma comunidade religiosa.

Após as entrevistas, escreva suas considerações sobre a temática.

Capítulo dois

Atividades de Autoavaliação

1 Bell (1996) afirma que a religião proporciona a segurança a uma cultura sob dois aspectos: protege contra o mal e proporciona uma noção de continuidade com o passado. Sobre esse assunto, julgue as sentenças com verdadeiro (V) ou falso (F):

(   ) O termo *secularização*, utilizado por Bell, refere-se à vida presente deste século, vivida pelos clérigos que pertencem a uma ordem ou vida religiosa.

(   ) O confinamento da moral religiosa estaria ligado ao processo de secularização moderna, estabelecendo, assim, as relações de poder necessárias entre os atores sociais dessa trama, em especial os seguidores que pertencem a uma religião específica.

(   ) Do ponto de vista de Beckford (1989), a religião está se tornando cada vez mais um "fenômeno menos imprevisível".

(   ) A natureza da religião indica que ela está muito mais apta a explicar o que de comum e constante existe no mundo do que o que há de extraordinário.

(   ) A tese da secularização permeou a análise da religião nas ciências sociais, principalmente na década de 1960 e na primeira metade da década de 1970. De certo modo, a avaliação da religião feita por diversos autores anglo-saxões apontava para uma visão eurocêntrica do fenômeno religioso.

Agora assinale a alternativa que apresenta a sequência correta:

a) V, F, F, V, V
b) F, F, F, V, V
c) V, V, V, V, F
d) V, F, F, V, F

2 A religião como sistema simbólico pode ser entendida como:
a) apenas uma modalidade social.
b) uma correspondência entre as estruturas sociais e as estruturas mentais, sendo que estas se estabelecem por meio da estrutura dos sistemas econômicos.
c) algo relacionado ao que as pessoas acreditam em seu cotidiano, ou seja, aos princípios adotados de acordo com a ordem religiosa que seguem.
d) símbolos religiosos (por mais que tenham mudado), nos quais ainda permanecem as realidades que havia por trás deles.

3 O capital simbólico e o capital religioso mantêm uma estreita ligação. Nesse sentido, podemos dizer que:
a) as instituições religiosas tradicionais também agem como empresa, com dimensões econômicas que visam estabelecer os padrões de sua continuidade. Os sacerdotes detêm o monopólio dos cargos e encargos das instituições católicas e suas devidas repercussões financeiras.
b) de acordo com Geertz (1989), o capital religioso tenderia, de um lado, a oscilar entre o consumo religioso e, de outro o monopólio da produção religiosa por parte dos crentes.
c) o fenômeno religioso, por meio de sua prática, revela somente o caráter político.

D) as práticas formam o *habitus* religioso nelas estruturado e dialeticamente estruturando a estrutura instituída. Trata-se de um conhecimento inato, mas que também indica um capital simbólico do sujeito.

4 Existem relações entre a vida religiosa e o cotidiano, que se concretizam em determinadas condições culturais e na posição do sujeito na estrutura religiosa. A partir da identificação positiva dessas relações, configura-se uma classificação objetiva das práticas. A caracterização das práticas, por sua vez, forma o *habitus*. Sobre isso, podemos dizer que:

A) se trata de um conhecimento adquirido exclusivamente por meio de leituras diversas.

B) o *habitus* religioso não permite identificar uma característica específica do estilo de vida dos clérigos.

C) a partir da caracterização das práticas religiosas, podemos compreender o *habitus* religioso.

D) se trata da posição do sujeito na relações sociais estabelecidas a partir da classe de indivíduos, sendo que também indica um capital simbólico alienado.

5 Geertz coloca a religião como um sistema simbólico responsável por um determinado tipo de comportamento social. Nesse sentido, podemos afirmar que:

A) existem relações entre a vida religiosa e o cotidiano que se concretizam em determinadas condições culturais e na posição do sujeito na estrutura religiosa.

B) o autor admite o quadro de referência que a religião representa e a ordem existencial que ela configura.

c) a religião como sistema simbólico consiste somente nas práticas do estilo de vida.

d) nenhuma das alternativas anteriores está correta.

ATIVIDADES DE APRENDIZAGEM

QUESTÕES PARA REFLEXÃO

1 Para Marx, em *Ideologia alemã* (obra publicada pela primeira vez em 1932), os homens reais são os produtores de suas representações, de suas ideias. A vida concreta que determina a consciência, sob esse aspecto a moral, a religião e a metafísica, não tem uma autonomia real. Não tendo autonomia, também não tem história e nem desenvolvimento, pois "não é a consciência que determina a vida e sim a vida que determina a consciência" (MARX; ENGELS, 1972, p. 51).
No que tange ao estudo da religião, as ideias de Marx permitem analisá-la sob quais condições? Escreva uma reflexão sobre essa questão.

2 No que se refere ao "capital religioso" descrito por Pierre Bourdieu (1998), escolha uma instituição religiosa local e observe as diferentes estruturas do capital religioso. Apresente um breve texto identificando essas estruturas.

ATIVIDADE APLICADA: PRÁTICA

1 Pesquise, em um bairro de sua cidade, uma instituição religiosa e entre em contato com a sua principal autoridade. Verifique as características da formação do *habitus*, no sentido de Bourdieu, que essa pessoa adota em sua religião. Compare as práticas sociais no âmbito religioso com as de outro profissional do mundo secular. Apresente um relatório abordando essas semelhanças e diferenças.

Capítulo Três

Atividades de Autoavaliação

1 Com relação à abordagem de Ernest Cassirer sobre as religiões, marque com (V) as proposições verdadeiras e com (F) as falsas:
   (　) Por serem diferentes, apresentam características também diferenciadas e incomuns.
   (　) O princípio de articulação das atividades religiosas é o mesmo, e essa articulação, por conseguinte, é funcional.
   (　) O autor propõe que as atividades humanas são o que define o devir da humanidade. Desse modo, a linguagem, o mito e a religião são essenciais para esse propósito.
   (　) Com base no argumento do autor, cada vez mais o homem afasta-se do universo simbólico e se aproxima do universo dos fatos, reconhecendo, assim, o mundo e seus significados.
   (　) Linguagem, artes, mito e religião são formas simbólicas que permitem entender a totalidade das estruturas das atividades humanas.
   Agora, assinale a alternativa que apresenta a sequência correta:
   A) V, F, F, V, V
   B) F, F, F, V, V
   C) F, V, V, F, V
   D) V, F, F, F, V

2 Sobre as estruturas do pensamento religioso, é correto afirmar que:
   A) a unicidade religiosa cada vez mais se consolida como uma realidade social urbana, fruto da dinâmica cultural pós-moderna.

B) na pós-modernidade, o jogo do poder e a legitimação do discurso se fazem com outras regras, construindo os metadiscursos e colocando-os em evidência.

C) cada vez mais o limite da modernidade e da pós-modernidade cria metadiscursos legítimos.

D) no plano das instituições religiosas, a pós-modernidade representa a relatividade dos discursos, no que tange às respostas ao mundo em constante mutação.

3 Para compreendermos melhor o fenômeno religioso, podemos partir da desconstrução do pensamento mítico-religioso e, assim, inferirmos os sentidos das formas religiosas no tempo e no espaço. Sobre isso, podemos dizer que:

A) o tempo e o espaço para a visão mítico-religiosa são homogêneos.

B) no pensamento cassireriano, o ser do espaço abstrato é puramente existencial, e não substancial. Como não há conteúdo em sua idealidade, também não é possível haver o atributo da diversidade e, portanto, o ser do espaço abstrato é homogêneo.

C) em religião, o rito assume cada vez mais modos de preservação do momento primordial.

D) o espaço sagrado está muito mais próximo de um espaço concebido pelo inteclecto do que do espaço da percepção.

4 O fenômeno religioso é uma realidade que se apresenta no espaço-tempo do cotidiano, permitindo-nos estudá-lo no âmbito das ciências humanas. O espaço sagrado possui suas espacialidades, sendo, desse modo, correto afirmar que:

A) a primeira espacialidade é um espaço de expressões como dimensão objetivada do empírico imediato; na segunda espacialidade, o espaço sagrado é apresentado no plano da linguagem, à medida que as percepções religiosas são conformadas a partir da sensibilidade nas formas tempo e espaço; a terceira espacialidade é uma desconstrução do espaço das expressões empíricas e do espaço das representações simbólicas.

B) o espaço sagrado é próprio somente do mundo concreto, vivido.

C) os símbolos religiosos cumprem o papel de dissimulação na construção do mundo religioso.

D) no espaço abstrato, cada lugar tem um significado singular, um valor próprio e, com isso, o espaço sagrado está muito mais próximo de um espaço da percepção do que os espaços concebidos pelo intelecto.

5 O espaço sagrado pode ser dividido em três espacialidades. A esse respeito, é correto afirmar que:

A) a espacialidade de expressões religiosas é um espaço abstrato como dimensão objetivada da realidade.

B) na espacialidade das representações simbólicas, o espaço sagrado é apresentado no plano da percepção, à medida que as realidades religiosas são conformadas pela intuição.

C) a espacialidade do pensamento religioso é uma dimensão do espaço das representações simbólicas expressas no mundo concreto.

D) a espacialidade do pensamento religioso constitui um espaço sintético que articula o plano sensível ao das representações galvanizadas pelo conhecimento religioso.

Atividades de Aprendizagem

Questões para reflexão

1 Como você leu no capítulo "O espaço sagrado e suas espacialidades", existem três espacialidades. Redija um texto, com base no esquema a seguir, descrevendo e exemplificando cada uma delas.

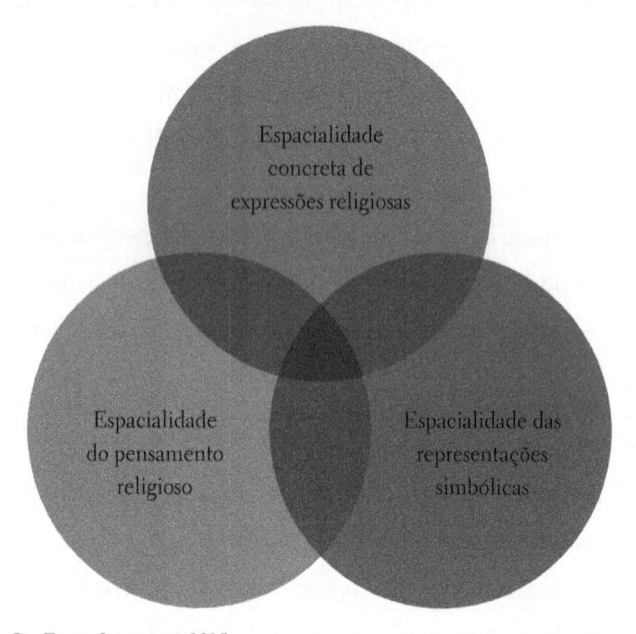

- Espacialidade concreta de expressões religiosas
- Espacialidade do pensamento religioso
- Espacialidade das representações simbólicas

Fonte: Gil Filho; Junqueira, 2005.

2 Identifique exemplos cotidianos sobre a condição de legitimação do discurso religioso na pós-modernidade.

Atividade aplicada: prática

1 Procure informações, na sua região, sobre três comunidades religiosas. Observe nelas os três tipos de espacialidades existentes e a maneira como estas se manifestam no cotidiano. Faça uma síntese sobre cada uma delas.

Capítulo quatro

Atividades de Autoavaliação

1 Leia o texto a seguir e, depois, assinale com (V) as alternativas que o completam corretamente e com (F) aquelas que não condizem com os conceitos de identidade religiosa.

A identidade religiosa é uma construção histórico-cultural socialmente reconhecível do sentimento de pertença religiosa. Como a identidade é um processo de construção social com base em atributos culturais, possui uma dimensão individual e outra coletiva. Sob essa perspectiva, podemos reconhecer que:

( ) a autorrepresentação está de acordo com a ação social. Isso se deve à pluralidade das representações e, por conseguinte, das identidades possíveis.

( ) uma instituição religiosa de constituição recente, de uma carência simbólica, ritual e de prática religiosa flexível pode definir seu perfil de identidade, pois está condicionada a uma determinada temporalidade e espacialidade, perpassando o reconhecimento institucional da religião.

( ) quando destacamos a identidade religiosa, também estamos diante de uma construção que remete à materialidade histórica, à memória coletiva e à espacialidade da própria revelação religiosa processada sob determinada cultura.

( ) a identidade religiosa é erigida a partir do quadro de referência institucional da religião, sendo capaz de ser o amálgama social da construção de diferentes territorialidades.

( ) tratando-se de religiões de origem cristã, a relação entre diferentes identidades torna-se mais complexa.

Agora, assinale a alternativa que apresenta a sequência correta:
A) V, F, F, V, V
B) F, F, V, V, F
C) F, V, V, F, V
D) V, F, F, V, F

2 Sobre identidade religiosa, é correto dizer que:
A) a identidade religiosa é erigida a partir dos dogmas criados pela ordem religiosa.
B) as igrejas ditas da Reforma apresentam um movimento único e monolítico.
C) a identidade legitimada é introduzida pelas instituições dominantes na sociedade.
D) a identidade de resistência é própria do apoio dos atores sociais à ação das instituições dominantes.

3 Todos sabemos que o discurso religioso é de fundamental importância para manter a tradição e conquistar novos adeptos. Sobre isso, é correto afirmar que:
A) todo e qualquer discurso religioso tradicional tende ao discurso puramente político, sendo este revestido do caráter de permanência comparado à obsolescência do discurso laico.
B) a eficácia simbólica do discurso religioso reside muito mais na apreensão da institucionalidade consagrada dos atos de enunciação do que propriamente no conteúdo que eles propõem.
C) o discurso religioso é a expressão da verdade absoluta, é o sagrado enlaçado à realidade social.
D) a prática social da religião e o monopólio do sagrado permeiam o discurso religioso de todas as religiões.

4 A condição da instituição religiosa diante das questões que a realidade atual constantemente enseja pode repercutir no retorno da unicidade da verdade religiosa, inculcada pela fé, ou dos fundamentos originários. A instituição religiosa é colocada diante do dilema de preservar a tradição e expandir o número de adeptos. Sobre o discurso religioso das instituições, podemos afirmar que:

A) o discurso religioso influencia os adeptos a não assumirem um novo *habitus*.

B) a polissemia do discurso religioso faz com que o discurso não tenha eficácia simbólica.

C) a redução do discurso religioso à simples ideologia pode cooptar conceitos do discurso político e relegar a um plano secundário o seu caráter sacro, sendo este último simbólico e signatário do termo de distinção do que é realmente religioso.

D) a diversificação do discurso religioso e filosófico autônomo denota a redefinição do contrato de delegação dado ao clero e aos teólogos, de modo que essa crise de autoridade discursiva solapa a salvaguarda da instituição religiosa como depositária única de uma verdade absoluta.

5 Sobre o discurso religioso de modo geral, qual das características a seguir é considerada correta?

A) O embate entre a verdade religiosa como plural e a diversidade das religiões como dinâmica na articulação do discurso.

B) O discurso religioso como discurso de apropiração do sagrado.

C) A verificação de dois subsistemas dialógicos de autoridade do discurso: Entre a divindade/enunciatários e a instituição religiosa/enunciatários, representando um sistema dialógico com três categorias de enunciados hierarquizados, dependendo da posição dos sujeitos.

D) Nenhuma das anteriores.

ATIVIDADES DE APRENDIZAGEM

QUESTÕES PARA REFLEXÃO

1 Agora que você leu sobre os ritos e o discurso religioso, assista a uma cerimônia religiosa e escute com atenção o tipo de discurso que é proferido aos crentes. Depois, observe a comunidade participante e procure mais informações sobre ela. Reflita: o discurso religioso está relacionado com a vida cotidiana dessa comunidade que você observou?

2 Verifique um discurso religioso proferido em uma cerimônia e caracterize sua estrutura com base na discussão apresentada no capítulo.

ATIVIDADE APLICADA: PRÁTICA

1 Observe os discursos apresentados no filme *Lutero*, de 2003, e verifique a tipologia, a temática e o contexto de construção da identidade religiosa protestante.

LUTERO. Direção: Eric Till. Produção: Dennis A. Clauss; Brigitte Rochow; Christian P. Stehr; Alexander Thies. Alemanha: Casablanca Filmes, 2003. 121 min.

Capítulo Cinco

Atividades de Autoavaliação

1 Leia a sentença a seguir e, em seguida, marque com (V) as alternativas verdadeiras e com (F) as falsas.

A territorialidade do sagrado pressupõe três qualitativos principais, que se referem a:

( ) uma estrutura política unificada.
( ) uma representação social.
( ) uma sacralidade ou a condição de ser sagrado.
( ) uma temporalidade.
( ) uma espacialidade.

Agora, assinale a sequência correta:

A) F, F, V, V, V
B) F, F, V, V, F
C) F, V, V, F, V
D) V, F, F, V, V

2 Para Merleau-Ponty (1994, p. 258),

o espaço não é um meio contextual (real e lógico) sobre o qual as coisas estão colocadas, mas sim o meio pelo qual é possível a disposição das coisas. No lugar de pensarmos o espaço como uma espécie de éter onde todas as coisas estariam imersas, devemos concebê-lo como o poder universal de suas conexões.

Com base nessa afirmativa, podemos considerar que:

A) é a prática do indivíduo que edifica o conhecimento do espaço.
B) o espaço é um meio vago e indeterminado.

C) no espaço não há direita nem esquerda, nem alto nem baixo, nem norte nem sul. Todas essas distinções provêm, evidentemente, do fato de terem sido atribuídos valores afetivos diferentes às regiões.

D) nenhuma das alternativas anteriores está correta.

3 A territorialidade do sagrado pressupõe:
A) um qualitativo exercido pelos sujeitos cuja autoridade é atribuída ao transcendente, sendo essa expressão a razão de ser dos atributos absolutos transferidos ao clero especializado, ungidos pela instituição.
B) sua idealidade, ou seja, o próprio território sagrado institucionalizado.
C) um espaço concreto mediado pelas relações sociais estabelecidas unicamente pelo crente individual.
D) o espaço e o tempo em que ocorre o fenômeno religioso em si.

4 Sobre o espaço de representação, é adequado afirmar que:
A) é um palco com ligações funcionais, *locus* da ação e das práticas sociais.
B) não é relacional em percepção, diferencialmente qualitativo e de natureza somente concreta.
C) expressaria a dinâmica entre o fenômeno religioso e a prática social mediada pelo poder.
D) nenhuma das alternativas anteriores está correta.

5 Sobre a instituição religiosa, é adequado afirmar que:
A) tem apenas um papel mediador na prática religiosa, que é amplamente controlada pelo indivíduo.

B) é a dimensão mítica consagrada da religião, diferente da religiosidade, que é a condição humana de ser religioso.
C) a ação institucional da religião é o poder exercido, consciente e intencional, diante da sociedade.
D) nenhuma das alternativas anteriores está correta.

Atividades de Aprendizagem

Questões para reflexão

A instituição religiosa é a expressão concreta, consagrada da religião, diferente da religiosidade, que é condição humana de ser religioso. A ação institucional da religião é o poder exercido, consciente e intencional, diante da sociedade. Essa é a ideia-chave da ação autorizada e legitimada da religião. A distinção verificável reside na busca do monopólio das coisas sagradas e do espaço sagrado, sendo uma ação de poder que se manifesta em uma territorialidade do espaço sagrado.

1 Analise o parágrafo anterior. Após a análise, escolha uma instituição religiosa e escreva suas considerações sobre ela.
2 Após a leitura do texto, com certeza você fará muitas reflexões. Então, tente responder às questões a seguir, de modo a construir um pensamento sobre o espaço de representação e territorialidade do sagrado.
   A) Como a instituição religiosa se distingue da religiosidade? Exemplifique.
   B) O que significa "ação autorizada e legitimada da religião"?
   C) Como se manifesta o poder na territorialidade do espaço sagrado?
   D) Como fruto de relações de poder, a territorialidade do sagrado pode se tornar uma expressão de determinada trama histórica? Comente a respeito.

Atividade aplicada: prática

1 Procure em revistas, jornais e na internet entrevistas que abordem a questão da territorialidade do sagrado. Elabore um texto analisando as propriedades dessa territorialidade.

Capítulo seis

Atividades de Autoavaliação

1 Leia o texto a seguir e, em seguida, assinale com (V) as alternativas que o complementam corretamente e com (F) aquelas que não condizem com os conceitos de espaço sagrado.

O espaço urbano contemporâneo, sob o aspecto da articulação de territorialidades religiosas, caracteriza-se por uma maior densidade de espaços de representação de instituições religiosas, expressos na paisagem pelo templo, pelo santuário e por estruturas de gestão e da ação social das religiões. O templo representa o marco do espaço construído e de significação simbólica pela presença do sagrado. Sobre o sagrado nas diversas religiões, podemos afirmar que:

( ) no judaísmo, o espaço sagrado se relaciona ao culto a Abraão em Hebron, na Palestina, e está ligado ao lugar e à pemanência simbólica do templo.

( ) na fé *bahá'í*, o espaço sagrado se relaciona às encostas do Monte Carmelo, em Haifa, com a presença dos jardins suspensos em patamares até o Santuário do Báb, e Bahjí, nos arredores de Akká, onde se encontra o túmulo de *Bahá'u'lláh*.

( ) no islã, relaciona-se aos locais consagrados à presença divina e suas expressões por intermédio do profeta Muhammad.

( ) no cristianismo católico, todos os lugares de peregrinação são reconhecidos pela instituição.

( ) Jerusalém pode ser considerada um cidade sagrada para três relgiões: Judaísmo, critianismo e islamismo.

Assinale a alternativa que apresenta a sequência correta:

A) F, F, V, V, V
B) F, V, V, F, V
C) F, V, V, F, F
D) V, F, F, V, V

2 Sobre os santuários, é corretor afirmar que:
   A) o templo, na qualidade de espaço consagrado, é indiferenciado para a comunidade.
   B) a busca de reunião com o transcendente somente em lugares institucionalizados é uma expressão de peregrinação popular católica.
   C) a Igreja representa sempre a instituição e o espaço de culto construído.
   D) a Igreja é tanto um lugar de práticas do sagrado quanto identidade social.

3 As fontes de pesquisa sobre o islã *shi'i* emergem de dois discursos diferentes: um elaborado a partir da tradição religiosa que remonta às narrativas, preservadas pelos próprios *shi'is*, que legitimam as doutrinas do *shi'ismo*, as quais, na maior parte, são de caráter apologético, e

outra, produzida pelos especialistas da religião, principalmente sob o ponto de vista histórico-crítico da moderna historiografia. Tomando por pressuposto essa afirmativa, podemos considerar que:

A) *sunni* e *shi'i* foram denominações surgidas alguns anos após o passamento do profeta Muhammad. Aqueles que acreditavam na sucessão espiritual e temporal do profeta pela linhagem de seus descendentes a partir do genro do profeta 'Ali são conhecidos como *sunnis*.

B) no islã *shi'i*, a sucessão é realizada pela pessoa que mais estudou religião nos últimos anos.

C) os santuários dos imames apresentam-se como estruturas da territorialidade *shi'i* e os relatos tradicionais sobre a história dos imames estabelecem a sacralidade das cidades e dos locais onde a memória e permanência dos imames são celebradas.

D) a peculiaridade do islã *shi'i* é que, diferentemente do *sunni*, desde o início sempre há, tradicionalmente, uma integração direta da prática política com a comunidade sagrada.

4 Sobre os lugares de peregrinação *bahá'í*, é adequado afirmar que:

A) desde o início da fé *bahá'í*, na segunda metade do século XIX, os lugares de peregrinação sempre foram as cidades de 'Akká e Haifa.

B) o Santuário do Báb em Bahjí, 'Akká, demonstra o trabalho decisivo de Shoghi Effendi na restauração das estruturas, na aquisição dos terrenos do entorno e na concepção dos jardins que rodeiam o sepulcro do profeta, que foi concluído em 1950.

C) são estruturas simbólicas materiais que visam representar os marcos espirituais expressos nos textos sagrados e a lembrança das figuras centrais da fé *bahá'í*.

D) nenhuma das alternativas anteriores está correta.

5 Sobre as estruturas da territorialidade referente ao sagrado do cristianismo católico, do islã *shi'i* e da fé *bahá'í*, é adequado afirmar que:

A) a territorialidade católica se constitui na articulação de estruturas de base com as estruturas derivadas, a ação dos leigos e o exercício do poder da Igreja.

B) a rede de visitação aos santuários *shi'is*, conhecida como *Ziyárat*, prevalece à peregrinação até Makká.

C) a prática das peregrinações *bahá'ís* inicia-se após a proclamação formal de Bahá'u'lláh em Adrianópolis, no ano de 1867, em consequência da revelação de epístolas que especificavam as casas de Bagdá e Shíráz como lugares de peregrinação.

D) nenhuma das alternativas anteriores está correta.

ATIVIDADES DE APRENDIZAGEM

QUESTÕES PARA REFLEXÃO

1 Quais as relações possíveis entre as territorialidades das religiões apresentadas neste capítulo? Existem caraterísticas em comum com outras religiões que você conhece?

2 A peregrinação a lugares sagrados é algo recorrente nas religiões. Escolha um lugar sagrado no Brasil e, a partir dele, apresente uma reflexão sobre a ação da religião institucionalizada e as práticas da religiosidade popular.

Atividade aplicada: prática

1. Escolha uma comunidade religiosa de sua cidade. Verifique na história dessa religião como são configuradas as territorialidades do sagrado. Apresente, por meio de imagens, as estruturas dessa territorialidade.

Glossário

Al-'Aqsá: *Masjid Al-'Aqsá* refere-se à *"Mesquita distante"*, citada no Alcorão na *Suratu Al-'Isra*, (Sura da Viagem Noturna). O versículo "Glorificado seja Quem fez Seu servo Muhammad viajar à noite – da Mesquita Sagrada para a Mesquita Al-'Aqsá, cujos arredores abençoamos – para mostrar-lhe, em seguida, alguns de Nossos Sinais. Por certo, Ele é O Oniouvinte, O Onividente" (Alcorão 17:01). Refere-se à viagem noturna do profeta Muhammad de Makká até Jerusalém, local que marca a ascensão até os céus do profeta Miraj, de acordo com a tradição islâmica.

Akhbár: Também denominado de *hadíth*, refere-se a ditos e tradições atribuídas a Muhammad e aos imames. Divide-se em duas partes: o *isnad*, que se refere aos nomes daqueles que transmitiram as tradições, e o *matn*, que é o próprio texto da tradição.

Arquétipo: Jung (1999) conceitua arquétipo como as imagens psíquicas do inconsciente coletivo que se tornam comuns a todos. Eliade apropria-se dessa ideia e a projeta no contexto das religiões e de suas práticas simbólicas.

Atávico: Refere-se a características intelectuais, psicológicas ou comportamentais que reaparecem ou permanecem latentes por várias gerações.

Dialógicos: Dialógico, em sentido amplo (iniciado por Bakhtin), é a relação que qualquer enunciado sobre um objeto mantém com enunciados anteriores produzidos pelo mesmo objeto.

Escatológico: Relativo à escatologia, ou seja, é a doutrina que trata do destino final do homem e do mundo, do "fim dos tempos".

Escola *shi'i* dos duodecimanos: Os *shi'is duodecimanos* acreditam na sucessão de Muhammad a partir da doutrina do imanato, na qual a vice-gerência do profeta é uma questão puramente espiritual, um cargo atribuído por Deus primeiro ao seu Enviado e depois para aqueles que o sucederam. Em especial, na doutrina dos doze imames são considerados os descendentes da família do profeta. Os *shi'is* dividiram-se tradicionalmente em três grupos que divergiam na ação política ou por questões doutrinárias, aproximando-se de ideias esotéricas ou gnósticas. Três grupos se destacam: *Zaydí*, *Ithna-'Asharí* (os doze) e *Ghulāt/Isma'ílí*.

Fé *Bahá'í*: Religião nascida na Pérsia, atual Irã, em 1844, fundada por Mírzá Husayn 'Ali Nurí (1817-1892), conhecido como Bahá'u'lláh ("A Glória de Deus"). Em 1844, Sayyid 'Ali-Muhammad (1819-1850), conhecido como o *Báb* ("O Portal"), proclamou uma nova Revelação Divina, dando origem à Fé Bábí. Em 1863, em Bagdá, no Iraque, Bahá'u'lláh proclamou ser o Prometido pelo *Báb* e pelas religiões do passado. Afirmou ser o portador de uma mensagem divina destinada a estabelecer a unidade mundial, fundando a Fé *Bahá'í*. Sofreu aprisionamento, tortura e exílios durante 40 anos, até ser aprisionado definitivamente em 'Akká, na Terra Santa.

Habitus: Categoria de análise, utilizada por Pierre Bourdieu, que envolve uma gama de sistemas classificatórios de matriz social que reproduzem relações de dominação. Quando normas, princípios e valores são interiorizados em determinada estrutura social, podemos verificar como se apresenta a ação dos sujeitos sociais. Sendo assim, *habitus* é tanto um conhecimento como um capital adquirido, indicando uma postura de determinado agente social.

Hierofania: Na perspectiva de Eliade (1995), refere-se à manifestação do sagrado que revela uma experiência religiosa primária, por meio da revelação de uma realidade de caráter absoluto. A manifestação do sagrado funda ontologicamente o mundo.

Imanato: Refere-se à sucessão do profeta Muhammad por intermédio de seus descendentes diretos, escolhidos conforme a doutrina do shiismo duodecimano. O imanato era concedido por designação do imame anterior, e o imame escolhido era o único e infalível intérprete do Alcorão e dos *Akhbár*.

Kitáb-i-Aqdas: Literalmente do árabe "O Livro Sacratíssimo". Segundo Shoghi Effendi (1974), na obra *God Passes By*, o livro foi "revelado logo após Bahá'u'lláh ser transferido para a casa de 'Údí Khammár (cerca de 1873)" (p. 214), dentro da cidade de Akká. Na introdução do texto traduzido para o inglês, está mencionado que "Alguns anos após a revelação do Kitáb-i-Aqdas, Bahá'u'lláh fez com que algumas cópias manuscritas fossem enviadas aos *bahá'ís* do Irã e, no ano 1308, Ano Hégira (1890-91), já no fim de Sua vida, providenciou a publicação do texto árabe original do Livro, em Bombaim" (BAHÁ'U'LLÁH, 1995, p. 7).

Muhammad: Transliteração correta do nome do profeta Maomé em árabe. Nos textos portugueses mais antigos, encontramos a forma *Mafoma*, que deriva da denominação usada na Idade Média pelos mulçumanos da Andaluzia. Também encontramos outras corruptelas do nome, não mais usadas, como *Mafomede* e *Mafamede*, que derivavam de transliterações dos textos clássicos árabes como Mohammad. Maomé, de uso corrente na língua portuguesa, foi adaptado do turco *Mahomet*.

Profano: Segundo a etimologia da palavra, do latim *profánus*, literalmente, "que está em frente ao templo, que não entra nele; donde, não iniciado", assim como "de *pro-* 'diante de' + *fánum* por *fasnum* 'lugar consagrado aos deuses, templo', de *fas* (indeclinável) 'permissão ou ordem estabelecida pelos deuses'" (HOUAISS; VILLAR; FRANCO, 2001, p. 2305). Nesse sentido, o profano é o entorno e/ou a periferia do sagrado; na presente análise, o consideramos como transição entre o sagrado e o não sagrado.

Soteriológico: Relativo à soteriologia, que é a parte da teologia que trata da salvação do homem.

Qa'im: Na escatologia do islã *shi'i*, o *Qá'im* refere-se Àquele que se levantará da linhagem de Muhammad, situação também conhecida como *o retorno do 12º imame*, o *Mihdí* prometido.

Ramadã: O *ramadã* (em árabe, رَمَضَان) é o nono mês do calendário islâmico, durante o qual é praticado o jejum (*saum*, صَوْم). Essa prática está prescrita no Alcorão:

> Ramadan é o mês em que foi revelado o Alcorão, como orientação para a humanidade e como evidência da orientação e do critério de julgar. Então, quem de vós presenciar esse mês, que nele jejue; e quem estiver enfermo ou em viagem, que jejue o mesmo número de outros dias. Allah vos deseja a facilidade, e não vos deseja a dificuldade. E fê-lo para que inteireis o número prescrito, e para que magnifiqueis a Allah, porque vos guiou, e para serdes agradecidos. (2, 185)

Shi'i: *Shi'i* ou *shi'ah* é uma forma abreviada da histórica frase "*Shi'at 'Ali* شيعة علي", ou seja, "seguidores de *'Ali*". *Sunni* e *shi'i* foram denominações das comunidades surgidas alguns anos após o passamento do profeta Muhammad. São conhecidos como *shi'is* aqueles que acreditam na sucessão espiritual e temporal do profeta pela linhagem de seus descendentes, a partir do genro do profeta 'Ali. A escola *Usúlí* de *Ithna-'Asharí* corresponde aos *shi'is* duodecimanos (que acreditam na sucessão dos doze imames que sucederam ao profeta Muhammad), que são a maioria dos muçulmanos *shi'is*, termo comumente grafado em português como *xiita*.

Shoghi Effendi Rabbani: Foi o guardião da fé *bahá'í* entre 1921 e 1957, sendo sua principal responsabilidade a interpretação autoritativa dos Escritos Sagrados da Fé *Bahá'í*. Essa função, anteriormente desempenhada por 'Abdu'l-Bahá (1844-1921), seu avô, lhe foi delegada por este último em sua "Última Vontade e Testamento". Por meio da orientação de Shoghi Effendi, foi implantada a Ordem Administrativa da Fé *Bahá'í*, assim como idealizada por Bahá'u'lláh e elucidada por 'Abdu'l-Bahá. Durante seus 36 anos de guardiania, a fé *bahá'í* alcançou grande progresso no mundo. Rabbani construiu os lugares sagrados *bahá'ís*, dirigiu a construção de templos *bahá'ís* em quatro continentes, organizou os Arquivos Internacionais da Fé, estabeleceu planos internacionais de ensino e preparou a comunidade *bahá'í* para a eleição da instituição máxima da fé, a Casa Universal de Justiça, em 1963.

Sufis: No Ocidente, o sufismo é geralmente associado ao misticismo islâmico. O sufismo transcende as categorias comuns usadas nos estudos ocidentais, principalmente a conotação sectária do termo em relação aos *sunnis* e *shi'is*. As ordens sufis, conhecidas como *tariqahs*, são expressões importantes do pietismo pessoal e da organização social. A característica transregional das ordens *sufis* facilitou a divulgação de ideias reformistas no islã. Algumas ordens se organizaram em torno de santuários de figuras sagradas (*walis*), cujas tumbas são consideradas como centros de bênçãos de Deus mediante os poderes sobrenaturais dos *walis*.

Ulamá: Também transliterado como *ulemá*, refere-se à autoridade religiosa de reconhecido conhecimento da religião islâmica, com domínio das bases legais, *sharí'a*. Como juízes, geram uma jurisprudência específica, a partir das formas de aplicação da lei islâmica. São geralmente formados nas *madrasas* (escolas religiosas).

Referências

1. ALBERIGO, G. *História dos concílios ecumênicos*. São Paulo: Paulus, 1995.
2. ALCORÃO. Versão José Pedro Machado. Lisboa: Junta de Investigações Científicas do Ultramar, 1979.
3. ALTHUSSER, L. *Aparelhos ideológicos de Estado*. Rio de Janeiro: Graal, 1985.
4. ANSART, P. *Ideologias, conflitos e poder*. Rio de Janeiro: Zahar, 1978.
5. AQUINO, T. de. *Suma teológica*. São Paulo: Loyola, 2002. v. 2.
6. BAHÁ'U'LLÁH. *O Kitáb-i-Aqdas*. Moji Mirim: Editora Bahá'í do Brasil, 1995.
7. BARRETT, D. B.; JOHNSON, T. M.; KURIAN, G. T. *World Christian Encyclopedia*: a Comparative Survey of Churches and Religions in the Modern World. New York: Oxford University Press, 2001.
8. BECKFORD, J. A. *New Religious Movements and Rapid Social Change*. Bristol: SAGE/Unesco, 1986.
9. _____. *Religion and Advanced Industrial Society*. Bristol: SAGE, 1989.
10. BELL, D. *The Cultural Contradictions of Capitalism*. New York: Basic Books, 1996.
11. BERGER, P. L. *Rumor de anjos*: a sociedade moderna e a redescoberta do sobrenatural. Petrópolis: Vozes, 1997.
12. BETTANINI, T. *Espaço e ciências humanas*. Rio de Janeiro: Paz e Terra, 1982.
13. BOURDIEU, P. *A economia das trocas simbólicas*. São Paulo: Perspectiva, 1998.
14. _____. *A economia das trocas linguísticas*. São Paulo: Edusp, 1996.
15. CASSIRER, E. *A filosofia das formas simbólicas II*: o pensamento mítico. São Paulo: M. Fontes, 2004.
16. _____. *Ensaio sobre o homem*: introdução a uma filosofia da cultura humana. São Paulo: M. Fontes, 1997.
17. _____. *Philoshophy of Symbolic Forms: the Metaphysics of Symbolic Forms*. New Haven: Yale University Press, 1996. p. 3-31. v. 4.
18. CASTELLS, M. *The Power of Identity*: the Information Age: Economy, Society and Culture. Oxford: Blackwell, 1997.
19. CESAREIA, E. de. *História eclesiática*. São Paulo: Paulus, 2000.
20. CHARTIER, R. O mundo como representação. *Estudos avançados*, São Paulo, v. 11, n. 5, p. 173-191, 1991.

21 CNBB. *Código de direito canônico*. São Paulo: Paulinas, 2000. 1 CD-ROM.
22 CONFÚCIO. *Diálogos de Confúcio*. São Paulo: Ibrasa, 1983.
23 DURKHEIM, E. *As formas elementares da vida religiosa*. São Paulo: M. Fontes, 1996.
24 _____. *Sociologia e filosofia*. São Paulo: Ícone, 1994.
25 ELIADE, M. *Tratado de história das religiões*. Lisboa: Cosmos, 1977.
26 _____. *O mito do eterno retorno*. Lisboa: Edições 70, 1985.
27 _____. *O sagrado e o profano*: a essência das religiões. São Paulo: M. Fontes, 1995.
28 FOUCAULT, M. *A arqueologia do saber*. Rio de Janeiro: Forense Universitária, 1997.
29 _____. *Microfísica do poder*. Rio de Janeiro: Graal, 1998.
30 GEERTZ, C. *A interpretação das culturas*. Rio de Janeiro: LTC, 1989.
31 _____. *O saber local*. Petrópolis: Vozes, 1998.
32 GIL FILHO, S. F. Espaço de representação e territorialidade do sagrado: notas para uma teoria do fato religioso. *Ra'e Ga: o Espaço Geográfico em Análise*, Curitiba, v. 3, n. 3, p. 91-120, 1999.
33 _____. Estruturas da territorialidade católica no Brasil. *Scripta Nova*: revista electrónica de geografía y ciencias sociales, Barcelona, v. 10, n. 205, jan. 2006. Disponível em: <http://www.ub.es/geocrit/sn/sn-205.htm>. Acesso em: 07 jul. 2008.
34 _____. *Espaço sagrado no islã shi'i*: notas para uma geografia da religião do *shi'*ismo duodecimano. In: Colóquio do Núcleo de Estudos do Espaço e das Representações – NEER, 2, dez. 2007, Salvador. Disponível em: <http://iienneer.geo.ufba.br>.
35 _____. Geografia da religião: reconstruções teóricas sob o idealismo crítico. In: KOZEL, S.; SILVA, J. C.; GIL FILHO, S. F. (Org.). *Da percepção e cognição à representação*: reconstruções teóricas da geografia cultural e humanista. São Paulo: Terceira Margem; Porto Velho: Edufro, 2007. p. 218-220.
36 _____. Haifa e 'Akká: hierofanias e formas simbólicas *bahá'ís* no coração do mundo. *Espaço e cultura*, Rio de Janeiro, v. 24, 2008.
37 GIL FILHO, S. F.; GIL, A. H. C. F. Identidade religiosa e territorialidade do sagrado: notas para uma teoria do fato religioso. In: ROSENDAHL, Z.; CORREA, R. L. (Org.). *Religião, identidade e território*. Rio de Janeiro: Eduerj, 2001.
38 GIL FILHO, S. F.; JUNQUEIRA, S. R. A. Um espaço para compreender o sagrado: a escolarização do Ensino Religioso no Brasil. *História, Questões e Debates*, Curitiba, v. 43, p. 103-121, 2005.

39 GRABAR, O. O sentido do sagrado. *O Correio da Unesco*, Rio de Janeiro, v. 16, n. 10, p. 27-31, out. 1988.
40 HALBWACHS, M. *On Colective Memory*. Chicago: The University of Chicago Press, 1992.
41 HOUAISS, A.; VILLAR, M. de S.; FRANCO, F. M. de M. *Dicionário Houaiss da língua portuguesa*. Rio de Janeiro: Objetiva, 2001.
42 HUSSERL, E. *Investigações lógicas*. São Paulo: Nova Cultural, 1992. (Coleção Os Pensadores).
43 JUNG, C. G. *Psicologia e religião*. Petrópolis: Vozes, 1999.
44 ____. *Psicologia e religião oriental*. São Paulo: Círculo do Livro, 1991.
45 ____. *The Man and his Symbols*. London: Aldus Books Limited, 1964.
46 KANT, E. *Crítica da razão pura*. São Paulo: Nova Cultural, 1991.
47 LEBRUN, G. *O que é poder?* São Paulo: Brasiliense, 1981.
48 LE GOFF, J. *História e memória*. Campinas: Ed. da Unicamp, 1996.
49 LYOTARD, J.-F. Réponse à la question: qu'est-ce que le postmoderne. *Critique*, Paris, n. 419, 1982.
50 MAINGUENEAU, D. *Novas tendências em análise do discurso*. São Paulo: Pontes; Campinas: Ed. da Unicamp, 1997.
51 MARX, K.; ENGELS, F. *Sobre a religião*. Lisboa: Edições 70, 1972.
52 MAUSS, M. *Ensaios de sociologia*. São Paulo: Perspectiva, 1999.
53 MAY, D. J. The bahá'í Principle of Religious Inity: a Dynamic Perspectivism. In: MCLEAN, J. (Org.). *Revisioning the Sacred*: New Perspectives on a Bahá'í Theology. Los Angeles: Kalimat, 1997.
54 MERLEAU-PONTY, M. *Fenomenología de la percepción*. Buenos Aires: Planeta-Agostini, 1994.
55 MOMEN, M. *An Introduction to Shi'i Islam*. Oxford: George Ronald, 1985.
56 ____. *The Phenomenon of Religion*: a Thematic Approach. Oxford: Oneworld, 1999.
57 MOSCOVICI, S. Prefácio (1984). In: GUARESCHI, P.; JOVCHELOVITCH (Org.). *Textos em representações sociais*. Petrópolis: Vozes, 1998.
58 ____. *Social Representations*: Explorations in Social Psycology. New York: New York University Press, 2001.

59 Mosse, G. L. *The Nationalization of the Masses*. London: Cornell University Press, 1991.

60 Mumford, L. *A cidade na história*: suas origens, transformações e perspectivas. São Paulo: M. Fontes, 1998.

61 Nakash, Y. *The Shi'is of Iraq*. New Jersey: Princeton University Press, 1994.

62 Orlandi, E. P. *A linguagem e seu funcionamento*. Campinas: Pontes, 1996.

63 Otto, R. *O sagrado*: os aspectos irracionais na noção do divino e sua relação com o racional. São Leopoldo: Sinodal; Petrópolis: Vozes, 2007.

64 Rabbani, R. *The Priceless Pearl*. London: *Bahá'í* Publishing Trust, 2000.

65 Reale, G.; Antiseri, D. *História da filosofia*. São Paulo: Paulinas, 1991. vol 3.

66 Rehfeld, W. I. *Tempo e religião*: a experiência do homem bíblico. São Paulo: Edusp; Perspectiva, 1988.

67 Ruhe, D. S. *La puerta de la esperanza*. Barcelona: Editorial *Bahá'í* de España, 1990.

68 Schopenhauer, A. *O mundo como vontade e representação*. Rio de Janeiro: Contraponto, 2001.

69 Shoghi Effendi. *God Passes by*. Wilmette-Illinois: *Bahá'í* Publishing Trust, 1974.

70 Sopher, D. E. *Geography of Religions*. Englewood Cliffs, NJ: Prentice-Hall, 1967.

71 Sturzo, L. La vera vita: sociologia del soprannaturale. Bologna: Zanichelli, 1943.

72 Tuan, Y.-F. *Topofilia*: um estudo da percepção, atitudes e valores de meio ambiente. São Paulo: Difel, 1980.

73 United States. Central Intelligence Agency. **The World Factbook**. Washington, DC: Central Intelligence Agency, 2007.

74 Weber, M. *A ética protestante e o espírito do capitalismo*. São Paulo: E. M. Guazzeli, 1994.

75 _____. *The Sociology of Religion*. Boston: Beacon Press, 1993.

76 Wilson, B. *La religión en la sociedad*. Barcelona: Labor, 1969.

Bibliografia comentada

BETTANINI, T. *Espaço e ciências humanas*. Rio de Janeiro: Paz e Terra, 1982.
O livro de Tonino Bettanini tem o valor de caracterizar como o conceito de espaço foi utilizado nas ciências humanas. Cabe destacar o capítulo sobre a espacialização do mundo, no qual os conceitos de espaço mítico, sagrado e de representação são apresentados.

CASSIRER, E. *Ensaio sobre o homem*: introdução a uma filosofia da cultura humana. São Paulo: M. Fontes, 1997.
Essa obra do filósofo Ernst Cassirer apresenta uma síntese de sua filosofia das formas simbólicas. A teoria do homem, apresentada por Cassirer, examina as perpectivas de Nietzsche, Marx e Freud. O autor concluiu que esses pensadores construíram noções fragmentadas do homem. Segundo Cassirer, essas teorias são como leitos de Procusto, "no qual os fatos empíricos são esticados para amoldar-se a um padrão preconcebido" (p. 41). Para ele, uma teoria unificadora para se entender o homem pode ser encontrada mediante uma reflexão sobre o homem como ser simbólico. Nesse bojo, a religião é apresentada como forma simbólica.

ELIADE, M. *O sagrado e o profano*: a essência das religiões. São Paulo: M. Fontes, 1995.
Esse livro é um clássico do estudo do fenômeno religioso, no qual o autor apresenta a dualidade entre o sagrado e o profano como base do método que o homem religioso utiliza para classificar seu mundo perceptual e realizar a prática religiosa.

GIL FILHO, S. F. Espaço de representação e territorialidade do sagrado: notas para uma teoria do fato religioso. *Ra'e Ga: o Espaço Geográfico em Análise*, Curitiba, v. 3, n. 3, p. 91-120, 1999.
Nesse artigo, publicado na revista Ra'e Ga: o Espaço Geográfico em Análise, do Departamento de Geografia da UFPR, é oferecida uma proposta da utilização da categoria do espaço de representação no estudo da religião. No âmbito de uma geografia da religião, o texto sugere a interação de elementos estruturais e estruturantes na configuração de territorialidades das instituições religiosas, o que nos permite analisar o fenômeno religioso. Parte desse texto foi adaptado para compor o presente livro.

GIL FILHO, S. F. Por uma geografia do sagrado. In: MENDONÇA, F.; KOEZEL, S. (Org.). *Elementos de epistemologia da geografia contemporânea*. Curitiba: Ed. da UFPR, 2002.

Publicado como capítulo do livro Elementos de epistemologia da geografia contemporânea, o texto desenvolve o estudo das dimensões da apropriação do sagrado no fenômeno religioso, definindo as escalas do corpo, da instituição, da organização e o plano do sentimento religioso, que é a experiência do sagrado per si. São definidas, ainda, as instâncias analíticas do estudo do sagrado como categoria teórica.

GIL FILHO, S. F. Geografia da religião: reconstruções teóricas sob o idealismo crítico. In: KOZEL, S.; SILVA, J. C.; GIL FILHO, S. F. (Org.). *Da percepção e cognição à representação*: reconstruções teóricas da geografia cultural e humanista. São Paulo: Terceira Margem; Porto Velho: Edufro, 2007. p. 218-220.

Trata-se de um capítulo epistemológico da geografia da religião que propõe o estudo do espaço sagrado enquanto categoria privilegiada dessa subdisciplina. A partir de uma reflexão sobre a filosofia das formas simbólicas de Ernst Cassirer, o texto explicita as especialidades do espaço sagrado, tratando a religião como forma simbólica estruturante dessa realidade.

REHFELD, W. I. *Tempo e religião*: a experiência do homem bíblico. São Paulo: Edusp; Perspectiva, 1988.

O trabalho de Walter I. Rehfeld, publicado 1988, tem uma temática sugestiva na discussão das temporalidades da experiência religiosa. O autor parte dos estudos de hermenêutica em antropologia bíblica, analisando a experiência do tempo em diversos contextos, a partir da estrutura da consciência religiosa. Também apresenta os significados da noção de tempo no texto bíblico, o que ajuda na compreensão de que existe uma experiência espaciotemporal própria do pensamento religioso.

ROSENDAHL, Z.; CORRÊA, R. L. (Org.). *Religião, identidade e território*. Rio de Janeiro: Eduerj, 2001.

O livro Religião, identidade e território, publicado em 2001 e organizado pelos professores Roberto Lobato Corrêa e Zeny Rosendahl, discute as relações entre religião, identidade e território sob diversas formas. Os três primeiros capítulos abordam especificamente as categorias de análise no estudo do fenômeno religioso sob a ótica geográfica.

Respostas das atividades

Capítulo 1
Atividades de Autoavaliação
1. A
2. C
3. A
4. B
5. D

Atividades de Aprendizagem
Questões para reflexão
1. A resposta deve apresentar uma reflexão pessoal a respeito da sugestão freudiana sobre a origem da religião, em contraposição às caraterísticas distintivas e diversificadas do fenômeno religioso em suas relações com a cultura e a sociedade humana.
2. Resposta pessoal. Pode ser respondida por meio da menção aos símbolos religiosos, ao discurso religioso e à descrição do rito.

Capítulo 2
Atividades de Autoavaliação
1. B
2. D
3. A
4. C
5. B

Atividades de Aprendizagem
Questões para reflexão
1. Resposta pessoal que pode apresentar a base ideológica pela qual Marx considerava a religião, retirando sua legitimidade como objeto específico de análise. A abordagem do autor somente referenda a religião como parte da ideologia burguesa, que deve ser submetida à luta de classes e que, desse modo, desapareceria.
2. O capital religioso está dividido em duas estruturas: a de domínio prático, que são as práticas religiosas do cotidiano, aprendidas pela experiência, e a de domínio erudito, que são as leis, as normas e os conhecimentos específicos reproduzidos pelos líderes religiosos e pelos especialistas em religião. A escola da religião apresentada é pessoal.

Capítulo 3
Atividades de Autoavaliação
1. C
2. D
3. C
4. A
5. D

Atividades de Aprendizagem
Questões para reflexão
1. A espacialidade concreta de expressões religiosas vista como dimensão objetivada de sua materialidade imediata. Nesse contexto, o espaço sagrado se apresenta como palco privilegiado das

práticas religiosas. Exemplo: o espaço do templo ou lugar de culto.
- A espacialidade das representações simbólicas, em que o espaço sagrado é apresentado no plano da linguagem, à medida que as percepções religiosas são moldadas a partir da sensibilidade nas formas em tempo e espaço, um espaço das religiões. Exemplos: o discurso religioso e os símbolos das diversas religiões.
- A espacialidade do pensamento religioso é um espaço propositivo e sintético que articula o plano sensível ao das representações articuladas pelo conhecimento religioso. Exemplos: As escrituras e tradições orais sagradas e o sentimento religioso.
2. Os exemplos mais recorrentes no Brasil são as igrejas cristãs pentecostais e neopentecostais, cujo discurso é legitimado pela mídia.

Capítulo 4
Atividades de Autoavaliação
1. B
2. C
3. B
4. D
5. B
Atividades de Aprendizagem
Questões para reflexão
1. Resposta de cunho pessoal.
2. Resposta de cunho pessoal.

Capítulo 5
Atividades de Autoavaliação
1. A
2. C
3. A
4. C
5. C
Atividades de Aprendizagem
Questões para reflexão
1. Apresentar uma reflexão pessoal sobre as práticas de poder dos líderes religiosos diante da manutenção de seus adeptos e da expansão da sua instituição religiosa. Podem ser utilizados exemplos locais, em um breve texto.
2.
a. Religiosidade é a condição de a pessoa ser religiosa, e a instituição religiosa é a religião organizada. Exemplos de religiosidade são os pedidos de ajuda ou cura, comuns em lugares sagrados motivados pela fé. A instituição está presente no rito prescrito e encaminhado pelo líder religioso.
b. A ação autorizada significa que aquele que efetua a prática do rito e o discurso é reconhecido pela instituição religiosa, a exemplo dos sacerdotes.
c. O poder na territorialidade se manifesta no exercício do poder dos líderes

religiosos, no discurso religioso, no controle dos símbolos religiosos e no espaço construído do templo.

d. Enquanto expressão da religião organizada, a territorialidade religiosa, por meio do domínio simbólico e temporal, apresenta determinadas relações propriamente históricas. Como exemplo, é possível citar a influência nas leis e no cotidiano de um país.

Capítulo 6
Atividades de Autoavaliação
1. B
2. D
3. C
4. C
5. C

Atividades de Aprendizagem
Questões para reflexão

1. Apresentar, de forma descritiva, o papel do líder religioso e as características da estrutura administrativa da religião escolhida e comparar sua territorialidade com as religiões apresentadas no sexto capítulo.

2. Escolher um lugar considerado sagrado no Brasil, que seja foco de peregrinação e gerido por uma instituição religiosa. Descrever a ação dos líderes religiosos e as práticas religiosas populares. Com base no capítulo, construir um breve texto de reflexão.

Sobre o autor

SYLVIO FAUSTO GIL FILHO concluiu o doutorado em História pela Universidade Federal do Paraná (UFPR) em 2002, e o mestrado em Geografia pela Universidade Estadual de São Paulo (Unesp), *campus* Rio Claro, em 1995. Realizou estágio de pós-doutorado em Epistemologia da Geografia da Religião na Universidade Federal do Rio Grande do Sul, em 2009-2010. Atualmente, é professor associado do Departamento em Geografia da UFPR. Atua com especial interesse na área de geografia da religião, tendo sido responsável pela introdução dessa disciplina no currículo de graduação em Geografia na UFPR. No âmbito da pós-graduação, em nível de mestrado e doutorado, atua na disciplina de Geografia das Representações, na qual desenvolve um estudo epistemológico no campo da teoria das representações e sua aplicação na geografia cultural e, em especial, na geografia da religião. É pesquisador do Núcleo Paranaense de Pesquisa em Religião (Nupper) e do Núcleo de Estudos em Espaço e Representações (NEER). No âmbito do ensino religioso, é vice-presidente da Associação Inter-religiosa de Educação do Paraná (Assintec) e representante da Comunidade *Bahá'í* no Fórum Nacional Permanente de Ensino Religioso (Fonaper) desde 1997.

Os papéis utilizados neste livro, certificados por instituições ambientais competentes, são recicláveis, provenientes de fontes renováveis e, portanto, um meio **respons**ável e natural de informação e conhecimento.

FSC
www.fsc.org
MISTO
Papel | Apoiando
o manejo florestal
responsável
FSC® C103535

Impressão: Reproset